Meh Glück!

Chris von Rohr

Meh Glück!

Liebeserklärungen ans Leben

WÖRTERSEH

Wörterseh wird vom Bundesamt für Kultur
für die Jahre 2021 bis 2024 unterstützt.

Alle Rechte vorbehalten, einschliesslich derjenigen des
auszugsweisen Abdrucks und der elektronischen Wiedergabe.

© 2023 Wörterseh, Lachen

Lektorat: Andrea Leuthold
Korrektorat: Lydia Zeller
Foto Umschlag: Thomas Buchwalder
Umschlaggestaltung: Thomas Jarzina, Mitarbeit Martin Schaad;
Schneemotiv von www.shutterstock.com/Stephanie Zieber
Foto Seite 237: Ueli Frey
Layout, Satz und Herstellung: Beate Simson
Druck und Bindung: CPI Books GmbH

Print ISBN 978-3-03763-146-1
E-Book ISBN 978-3-03763-837-8

www.woerterseh.ch

Für alle Menschen,
die zwischen Leichtigkeit und Schwere,
zwischen Euphorie und Melancholie
durch diese Welt wandeln.

Als ich fünf Jahre alt war, sagte mir meine Mutter immer, dass das Glücklichsein das Wichtigste im Leben ist. Als ich zur Schule ging, fragten sie mich, was ich sein wolle, wenn ich erwachsen bin. Ich schrieb »glücklich« hin. Sie sagten mir, dass ich die Aufgabe nicht verstanden habe, und ich sagte ihnen, dass sie das Leben nicht verstanden hatten.

JOHN LENNON

Inhalt

PROLOG	11
Meine kleine Stadt	13
Göttin sei Dank	18
London Calling	21
Home-Kuuking	25
Grosse Düfte	28
Thai-Massage	31
Hundeliebe	34
Nirwana für alle	41
Der Berg ruft	43
Erfolg	48
Ruf des Frühlings	52
Mehr Mut	55
Money, Money	58
Weniger ist mehr	62
Zauber der Blumen	66
Die Kraft der Farben	70
Hautnah	74
Vertrauen ins Leben	77
Der letzte Sommer	82
Zurück zur Quelle	85
Die Beatles	89
Tenue feel good	93
Magie Montreux	96
Der goldene Kern	100
Mein Baum	104
Osho	108

Elvis	116
Meh Glück	120
Schneezauber	125
Hallo, Tod	129
Götterkuss der Wissenschaft	134
Oldies but Goldies	142
Zeitlos	146
No meh Liebi	150
Das ultimative Hoch	154
Schulfreuden	160
Es werde Licht	165
Beerenstark	169
Offen bleiben	173
Trinke Wein im Vollmondschein	177
Himmlisch	181
Hey, Alter!	184
Apfelliebe	188
Bel Ticino	191
Der sanfte Gigant	194
Einer für alle	199
Werde, der du bist	203
Der Zauberluchs	207
Nägel mit Köpfen	211
Stille Tage auf Kreta	215
Zwölf Alben und hundert Songs für die Ewigkeit	221

PROLOG

Wille muss verbunden werden mit Freude.
DANIEL SARTI

Liebe Freunde der Sonne,

»Meh Glück!« – mein Vorwort entstand im »Haus im Glück«, einem wundervollen B & B im malerischen, grob unterschätzten Toggenburg. Voilà:

Um Glück weitergeben zu können, müssen wir es erst selbst erfahren. In dir muss brennen, was du in anderen entzünden willst. Knapp dreimal zehntausend Tage werden uns im Schnitt geschenkt. Wir sollten möglichst viele davon nutzen und feiern. So besiegt unser Sein das Nichts.

Das Leben hat mich gelehrt, nach dem Unvergänglichen, dem Ewigen zu suchen. Gerade in Perioden, wo uns beinahe täglich Halbwahrheiten, Moralpredigten und angstgetriebene Schreckensszenarien serviert werden. Wenn die Menschheit sich wie ein Tollhaus aufführt und strauchelt, ist es umso wichtiger, das Schöne, das Erbauende zu ehren und zu preisen. Einen Wohlklang in stürmischen Zeiten kreieren, das war mein Ziel mit diesem Buch.

Mein Leitsatz war immer: Gross denken! Aber ich realisierte bald, dass es oft auch die kleinen Dinge sind, die uns Zufriedenheit und Freude bringen. Sie sind umsonst und einfach da, wir müssen sie nur erkennen und leben. Ich begriff ausserdem, dass Glück sogar im Pech und in Rückschlägen liegen kann. Martin Walser nannte das »Unglücksglück«.

Es gibt Schätze, Diamanten am Weg, die mich immer wieder retteten und mir die Kraft gaben weiterzumachen. Sie wurden zu Wegweisern und Richtsternen. Ohne sie wäre mein Dasein trost- und sinnlos. Sie zu entdecken im ganzen unbedeutsamen, kurzlebigen Nonsens, dem wir ausgesetzt sind, ist ein Geschenk des Universums.

Glück heisst, einmalige, unwiederbringliche Augenblicke in all ihren Farben zuzulassen und sie voll zu geniessen. In meinen Geschichten habe ich solche Momente gesammelt und gebe sie hier in Dankbarkeit und Freude weiter. Mögen sie euch genauso beleben und bereichern wie mich. Wenn das Herz singt und wir uns nicht zu ernst nehmen, glaubt mir, dann packen wir auch die schwierigeren Momente, die das Schicksal für uns bereithält.

Vom Augenblick geküsst, von der Zeit liebkost, im Fluss der Ewigkeit.

LOVE, PEACE UND REBENSAFT
Chris von Rohr

Meine kleine Stadt

Vo döt här
SOLOTHURNER FASNACHTSMOTTO 2024

Es war eine grandiose Feier und wir Krokusse mittendrin: Meine Heimatstadt feierte ihr zweitausend Jahre altes Bestehen und liess es richtig krachen. So ziemlich exakt zweitausend Jahre lang kam es uns Musikern auch vor, bis wir hier richtig ankamen und von unseren Mitbürgerinnen und Mitbürgern wirklich angenommen wurden. Man kennt ja die Story vom Propheten im eigenen Land. Früher wechselte man gerne die Strassenseite, wenn wir auftauchten, heute gibts Gratisdrinks, freudige Gespräche, Anerkennung und – im Rahmen der Jubiläumsfeierlichkeiten – sogar einen Krokus-Denkmal-Stein. Die Zeiten haben sich geändert, und es ist eben nicht, wie im trümmligen »Solothurnerlied« gesungen, »immer eso gsi«. Wir alle haben uns verändert. Zum Glück.

Solothurn ist nach der deutschen Stadt Trier die zweitälteste nördlich der Alpen. Sie war einst keltisch, wurde später römisch und entwickelte sich – nach französischem Vorbild der Festungskunst – zwischen 1453 und 1727 zu einer Steinschanzen-Festung. Das katholische Städtchen, in dem ständig irgendwelche Kirchenglocken Sturm läuten, nennt sich wegen seines Schutzpatrons Ursus sowie der prächtigen Kathedrale auch »St.-Ursen-Stadt«. Solothurn verbindet italienische Grandezza mit französischem Charme und deutsch-schweizerischer Bodenständigkeit. Tore, Türme und Kirchen zeugen davon, was für eine Bedeutung die älteste, und bis zum Beginn des Spätmittelalters auch die einzige, Stadt am Jurasüdfuss innehatte. Sakrale Baudenkmäler von europäischer Bedeutung, wie etwa die St.-Ursen-Kathedrale, die als das bedeutendste schweizerische Gebäude des Frühklassizismus gilt, oder die Jesuitenkirche, eines der schönsten Barockbauwerke unseres Landes, finden sich auf überschaubarem Raum.

Die Zahl elf spielt in Solothurn eine grosse, historische Rolle und ist allgegenwärtig: Wir haben elf Kirchen und Kapellen, elf Museen, elf Brunnen, elf Türme. Die St.-Ursen-Kathedrale hat sage und schreibe elf Altäre, in ihrem Turm hängen elf Glocken – sogar unser Bier heisst Öufibier! Zudem wird Solothurn in der Auflistung der Kantone als elfter Stand aufgeführt.

Das Zusatz-Gütesiegel »Ambassadorenstadt« gabs, weil früher Gesandte des französischen Königshauses ihre Schweizer Botschaft hier hatten. Im Welschland heisst unsere Stadt Soleure. Dort etablierte sich auch der Ausdruck »être sur Soleure« – was »stockblau« heisst und damit zu tun hat, dass sich die Weinlieferanten, die über die Aare zu uns kamen, immer wieder gerne selbst an den Fässern mit Rebensaft bedienten. Sie wussten auch, Solothurn stand für ausgelassene Feiern. So holte sich Casanova in einer wohl feuchtfröhlichen Nacht in Solothurn den Tripper. Kaiser Napoleon hingegen hatte es nicht so mit dem Festen und liess bis auf den heutigen Tag im ehrwürdigen Hotel Krone eine Rechnung offen – sie hängt eingerahmt im Eingang des Hauses. Obwohl zu seinen Ehren alles auf Hochglanz poliert und der Wirtsraum für ihn extra vorgeheizt wurde, liess er sich nur ein Glas Wasser vom Fischbrunnen ins Wageninnere reichen. Und ja, das wurde offenbar schon damals gerne von den Wirten verrechnet. Und dann ganz offensichtlich zechgeprellt.

Solothurn gilt als schönste Barockstadt der Schweiz, ist umgeben von gesunden Wäldern und prachtvoller Natur. Kein Wunder, kommen auch immer mehr Touristinnen und Touristen. Wir haben gute Restaurants, den grandiosen Wochenmärit, die unvergleichliche Einsiedelei St. Verena, die Aare, eine pittoreske Altstadt, unseren Hausberg – den Weissenstein –, die Zentralbibliothek, das Museum Blumenstein, die Solothurner Film- und die Solothurner Literaturtage, über hundert Arztpraxen, freundliche Verkäuferinnen, feurige Altstadtführerinnen, coole Polizisten, Gärtner, Strassenpfleger, die Kulturfabrik Kofmehl und die einzigartige Solothurner Torte. Ein Traum aus luftigem Biskuit, einer zart schmelzenden Haselnuss-Meringuage und einer nicht allzu leichten Buttercrème. Wer sie noch nie gekostet hat, hat definitiv etwas verpasst. Aber Achtung – haltet euch nur an das Original der Solothurner Confiserie Suteria.

Was Solothurn bietet, hilft mir über das oft etwas raue, kalte und vor allem sehr oft neblige Wetter hinweg. Mutter Giggi selig, sie war die heimliche »Queen von Solothurn«, begegnete meinem Wetterblues jeweils mit der frohen Botschaft: »Bueb, wenn du dieses Klima überstehst, kannst du überall in der Welt leben.« Wie immer hatte sie auch hier recht!

Viele Strassen oder Gassen durchlief ich tausende Male, und zig Ecken, Bäume, Wiesen, Bäche und Bänke halten eine Geschichte für mich bereit. Nicht alle sind erinnerungswürdig, aber es sind Geschichten, über die ich gerne hie und da rede, weil sie sich bei mir eingebrannt haben. Da ist zum Beispiel die Bank auf der alten historischen Steinschanze, wo ich meinen ersten, noch eher harzigen Kuss empfing. Der kalte Dürrbach, in dem ich als Kind planschte. Der Nussbaum, den ich gerne erklomm. Das Feld, auf dem mein Tochterherz ihren ersten Blumenstrauss für mich pflückte. Das Haus meiner Grosseltern.

Der wunderbare Bücher-Lüthy, wo schon meine Mutter fürs Wochenende Lesestoff ausleihen durfte. Die Ecke vor dem früheren Restaurant Löwen, wo Fernando und ich eines Tages dann doch endlich unsere musikalische Powerfusion beschlossen. Das Aarenmürli, dem wir Solothurner den Namen »Rue de Blamage« gaben, auf welchem ich Stunden meines Lebens verhockte. Die Küche der Genossenschaft Kreuz, wo ich monatelang Armin, Pouti und dem lieben Vreneli beim Kochen half und so meinen Lebensunterhalt bestritt. Der kleine Saal oben im ersten Stock, in dem ein Piano stand und wo ich mit meinen ersten Bands abrocken durfte. Der kleine Laden, wo ich mit meiner ersten Freundin Bella den Orientladen »Sibsi« führte und gleichzeitig darin schlief und Hunde aufzog. Das Landhaus, wo Krokus die ersten Konzerte gaben und Jahrzehnte später die Theateraufführungen der Steinerschule mit meiner Tochter stattfanden. Das Jugendzentrum in der Vorstadt, das wir »s Loch« nannten. Der einst magische »Musikturm«, wo es immer neue, grossartige Schallplatten zu entdecken gab. Und natürlich das alte, dreihundert Meter von meinem Haus entfernte Kapuzinerkloster mit den grandiosen Lindenbäumen, die im Frühling so schön duften.

Im Laufe der Zeit hat sich vieles verabschiedet, ist nicht mehr da, aber es ist wie mit allen starken Erinnerungen – sie lassen einen nie mehr ganz los. Und ab und zu zaubern sie einem ein Lächeln der Erinnerung ins Gesicht. Mir zumindest passiert das sehr oft. Als junger Rebell sah ich meist nur die Mängel und Gehässigkeiten meiner Stadt und übersah, was mir hier alles geboten wurde. Heute bin ich dankbar und weiss, dass Gegenwind und Skepsis auch starke Triebfedern für gute Ideen und Songs und ein eigenständiges Leben sein können. Man muss nur dranbleiben und die Vision und das Lachen nicht verlieren.

Einfach machen statt zu viel hirnen und reklamieren. Rein in den Flow!

Aber zurück zum unvergesslichen Zweitausend-Jahr-Jubiläum meiner Heimatstadt, bei dem für Krokus nichts weniger als ein Traum in Erfüllung ging: Die Solothurner Hardrocker spielten direkt vor der altehrwürdigen St.-Ursen-Kathedrale auf. Und zwar am oberen Ende der St.-Ursen-Treppe, die in – es wird niemanden wundern – dreimal elf Stufen zur Pforte hochführt. Wer hätte je gedacht, dass uns die eher steifen Kirchen- und Stadtväter eines Tages tatsächlich Grünlicht zur Operation »Rock the Block« geben würden? Die dreijährige Vorarbeit aller Beteiligten war alles andere als einfach, aber als es dann endlich losging, verzogen sich die Wolken und der Regen stoppte. Und zwar wortwörtlich! Tausende happy Faces, freudige Stimmung, betörende Lichtkaskaden, eine geflashte Stadtpräsidentin und ein rockender Bundesrat. Der Fische-Vollmond entfachte seine volle Wirkung, und wir ahnten schon während des Spielens, dass es so etwas wie das, was wir alle hier gerade erlebten, nie wieder geben wird. *All Things Must Pass*, sang GEORGE HARRISON. Und wo er recht hat, hat er recht: Alles geht vorbei. Darum lasst uns die grossen Momente wirklich bewusst auskosten, tief im Herzen in Erinnerung behalten und sorgsam in der Seele ablegen. Sie sind die Lichter an unserem Lebensweg.

Göttin sei Dank

*Es ist eine Schwäche der Männer,
Frauen gegenüber stark erscheinen zu wollen.*
HILDEGARD KNEF

Ich sage es gerne: Das Wichtigste, das ich im Leben gelernt habe, kam von Frauen. Sie lehrten mich, mit dem Herzen zu schauen, besser zuzuhören, intensiver zu lieben, mein Dasein als Mensch mehr zu geniessen und Achtung vor mir selbst zu haben.

Alles begann mit meiner wundervollen Mutter. Sie war ihrer Zeit voraus. Berufstätig, aber trotzdem eine liebende, sich kümmernde Frau. Natürlich vermisste ich sie als Kind oft zu Hause, aber wenn mich was plagte, war Mum da und stand mir bei. Ich konnte mit jedem Anliegen zu ihr gehen, sie hörte zu und nahm mich ernst. Druck und Bestrafung waren nicht ihr Ding, und sie vermittelte mir klar und mit Feeling: Du darfst Fehler machen, du darfst auch hinfallen, aber steh wieder auf und mach einfach weiter. Eine sehr wichtige Botschaft.

Als dann das Frauenstimmrecht endlich eingeführt wurde, war sie happy. Sie wusste, was in dieser Welt gut oder schlecht lief. Diese beeindruckende Dame hatte ein feines Gespür dafür, wer etwas für unser Land und seine Bürger tat und wer nur ein Blender und Schönwetterprophet war. Trotz vielen Aktivitäten ausser Haus verwöhnte sie uns mit feinen Speisen, erledigte die Wäsche und alles, was in einem Haushalt so anfällt – und das abertausende Male, ohne von uns grosse Wertschätzung zu erwarten. Leider hat sie diese auch zu wenig erhalten. Sie war ganz einfach der Fels in der Brandung unserer Familie. Wie mancher Wichtigtuer-CEO oder -Politiker schafft dies? Hier wäre eindeutig mehr Anerkennung für diese Familienperlen angezeigt. Doch auf Mütter wartet auch heute noch ein mehr als magerer Lohn, kein goldener Fallschirm, und rasch den Betrieb wechseln ist keine Option. Obendrauf dürfen sie sich durchgegendert als »entbindende Person« beschimpfen lassen.

Tja, so weit sind wir inzwischen. Aber reden wir lieber davon, wie sehr es zutrifft, dass hinter – fast! – jedem erfolgreichen Mann eine starke Frau steht. Eine meiner immer wieder gerne zitierten Formulierungen ist ein abgewandelter Spruch aus der BIBEL: *An ihren Frauen [statt Früchten] sollt ihr sie erkennen.* Mit was für Frauen sich ein Mann umgibt, sagt einiges über ihn aus – sei es im Beruf oder im Privatleben. Viele Männer fürchten sich vor starken Frauen, dabei könnten sie durch mehr Offenherzigkeit einiges von ihnen lernen und profitieren.

Wie oft im Leben habe ich Hebammen, Pflegefachkräfte oder Direktionsassistentinnen erlebt, die den Laden ihrer Vorgesetzten zusammenhielten und vehement vorwärtsbrachten. Ohne sie wäre der Betrieb im Chaos versunken. Sogar James Bond wusste, was er seiner »Moneypenny« verdankte. Und so bleibt es mir bis heute ein Rätsel, warum sich die Männerwelt herausnimmt, Frauen für denselben Arbeitsaufwand schlechter zu bezahlen als ihre männlichen Kollegen. Oder warum unsere Welt, wie man inzwischen durch x Beispiele erhärtet weiss, grösstenteils auf männerbezogenen Daten basiert – von der Klavierklaviatur über die Raumtemperaturen in Büroräumen, der I-Phone-Grösse bis hin zu medizinischen Studien. Alles wird mehrheitlich an Männern getestet. Was für eine überhebliche

Ignoranz, die hoffentlich sehr bald der Vergangenheit angehören wird.

Ich hatte das grosse Glück, in meinem Leben herausragende, smarte und dazu attraktive Frauen zu treffen. Selige und erfreuliche Zeiten durfte ich mit ihnen verbringen. Sie weihten mich Greenhorn in die Kunst der Liebe und des Staunens ein, und manch belangloser Tag, manch kalte Nacht wurde ein feines, grossartiges, leidenschaftliches Freudenfest. Auch heute erlebe ich diesen magischen Austausch zwischen Yin und Yang intensiv und wahrlich bereichernd. Darüber mehr in der »Zauberluchs«-Geschichte.

Was ich hier noch betonen will: Die gute alte Zweierbeziehung ist – zumindest für mich – in jeder Hinsicht unübertroffen. Wenn Respekt, Gleichberechtigung, Hingabe, ähnliche Bedürfnisse und Vorlieben da sind, kann diese Form des Zusammenlebens zu einer wahren Sternenexpedition, einem Feuerwerk an Lebendigkeit, Sinnlichkeit, Geistreichheit, Humor und Kreativität führen.

Göttin sei Dank! Dafür, was Frauen durch ihren Beitrag, ihre Inspiration in dieser oft kalten Granitwelt ins Positive verzaubern können. JOHN LENNON hat es in seinem Song »Woman« vortrefflich ausgedrückt. Hört unbedingt wieder mal rein und freut euch an meiner Lieblingszeile: *Woman, I know you understand the little child inside the man* – purer Seelenbalsam.

London Calling

*Die Engländer haben zweiundvierzig
Religionen, aber nur zwei Saucen.*
VOLTAIRE

Mein lieber und kreativer Onkel John selig wohnte in London, in einem Quartier mit dem geflügelten Namen »Angel«. Allein das fand ich schon grandios. Dazu kam, dass Pubertäts-Chris für seine Eltern und die Umgebung phasenweise schwer zu ertragen war. So schickte man ihn jährlich zweimal zum lieben John in die Stadt an der Themse. Welch ein Glück für mich!

Mir ist dort schon sehr bald aufgefallen, was für ein gewaltiger Unterschied es für deine Lockerheit bedeutet, ob dich die Blockflötengesichter am Glöggliweg in Solothurn missmutig beim Morgenrundgang mustern oder ob du ohne Beobachtung entspannt über den Lonsdale Square zur Busstation schlenderst, wo du dann in den roten Doppeldeckerbus Richtung London City einsteigst. Zwischen der einen und der anderen Welt liegen – Welten. Die Bewohner in Grossstädten sind meist mit sich selber beschäftigt und haben kaum Zeit, andere zu beurteilen oder gar zu massregeln. Das Anonyme ist mir in diesem Fall sympathischer als die permanente Observierung durch selbstgerechte, gelangweilte und hochmütige Menschen.

Alle meine musikalischen Helden kamen damals aus England, und ich konnte sie dort bei lebendigem Leibe im Marquee Club und anderen Konzertlokalen sehen und den Sixties-Zauber aufsaugen. Städte kann man lieben oder einen Bogen um sie herum machen. Mit London war es Liebe auf den ersten Blick. Die alten Gebäude, die weitläufigen, verwunschenen Parks, die Museen, der Humor der Taxifahrer und die liebevolle Beleuchtung hauten mich um. Meine Mutter hatte englische Wurzeln, und ich gebe zu, mich bis heute auch als halber Engländer zu fühlen. Mindestens einmal im Jahr besuche ich »the Swinging City«. Ich brauche ihren Geruch, das kalkfreie Wasser, dank dem der Tee viel reiner und besser schmeckt, die Pubs, in denen die unterschiedlichsten Menschen zu einem friedlichen Schwatz zusammenfinden. Sogar mit dem englischen Bier habe ich mich angefreundet und ihrem Fussball. Dann der Dreck und der Charme in Soho, der farbenfrohe Shoppingwahnsinn in Camden Town und natürlich der grossartige Portobello Market in Notting Hill. Ich empfehle allen notorischen Romantikern und Heulsusen, sich den gleichnamigen Oberkitschfilm mit Hugh Grant und Julia Roberts wieder mal reinzuziehen – rettet jeden verregneten Abend.

Eine Gefahr allerdings gibt es für mich: den Linksverkehr 🙈. Da ich recht unbesonnen über die Strassen hühnere, hat es einige Male beinahe gekracht. Das Herumfahren mit meinem alten Jaguar war auch grenzwertig. Aber auch das gehört für mich zur britischen Insel. Da läuft das meiste einfach andersrum.

Ich fragte mich schon früh, wie eine solch grossartige Stadt entsteht, und fand Folgendes heraus: Ihre Geschichte reicht zweitausend Jahre zurück. Sie wurde um fünfzig nach Christus von den Römern unter dem Namen Londinium gegründet. Dem römischen Boss folgten die Angelsachsen mit Eroberungsabsichten, sie legten die Stadt in Schutt und Asche. Am Ende des neunten Jahrhunderts wurde sie neu aufgebaut. Die Reformation entmachtete daraufhin die Kirche, die rund die Hälfte des

Bodens besass. Die Neuverteilung ihrer Güter leitete eine Ära des wirtschaftlichen Wachstums ein, und London stieg zu einer führenden Handelsstadt auf.

Dann aber kam – in den Jahren 1665 und 1666 – die Grosse Pest und vermieste den Engländern gründlich das Leben. Von den hunderttausend Menschen, die im ganzen Land starben, traf es siebzigtausend Londonerinnen und Londoner. Und als ob das nicht schon genug gewesen wäre, vernichtete der Grosse Brand von London Anfang September 1666 dreizehntausend Häuser und siebenundachtzig Kirchen. Man stelle sich das mal vor! Die Stadt gesundete aber rasch und vermochte sich, wie ganz England, in der weltweiten politischen Hackordnung zu behaupten. Binnen weniger Jahrzehnte vermehrte sich die Bevölkerung munter um ein Vielfaches.

Grossstädte sind Diven und pflegen ihr Äusseres fleissig zu verändern. London hat sich öfter gehäutet als eine Boa. Ich mag Veränderung und Abwechslung, aber was sich derzeit am grossen Themsebach städtebaulich abspielt, ist wenig erfreulich. Diverse Superreiche benützen die englische Hauptstadt als sicheren Hafen, um ihr Geld zu parken. Politiker, die immer wieder mal gerne Geld zum Fenster rausschmeissen, fördern den irren Bauboom. Aktuell befinden sich zweihundertsechzig (!!!) Towers in der planerischen Pipeline der Stadt – ein Wettbewerb der Bausünden. Sie werden die einmalige Skyline versauen, wenn niemand den roten Buzzer drückt. Die Stadt läuft Gefahr, zu einem üblen Abklatsch von Schanghai, Hongkong oder Dubai zu werden. Die wenigsten Bewohner realisieren das. Der Philosoph und Schriftsteller Alain de Botton – alle seine Bücher sind lesenswert – tut es. Er sagt, es sei ein Verbrechen an der Schönheit. Ähnliches lässt sich von Schweizer Seegemeinden wie Lugano oder Richterswil berichten. Ein einziges Gemurkse.

Natürlich ist auch der ewige Stauverkehr und das Essen ein echtes Ärgernis, aber ein gewisser Schlendrian gehört einfach zu dieser Stadt.

Zu erwähnen bleibt noch die einstige Wunderwaffe – die QUEEN! Nach ihrem Motto *Never complain, never explain* – Beschwer dich nicht, erklär dich nicht – zu leben, übe ich schon mein ganzes Leben lang. Vergebens! Ich bewunderte sie, weil sie meiner Mutter ähnelte: stets cool, diszipliniert, lösungsorientiert und obendrein immer apart gekleidet. Vor allem ihre Hüte waren bemerkenswert.

Wer hat die jetzt eigentlich alle? Wohl dem Lande, das solch eine Frau zur Königin hatte. Ja, sie war nicht gerade Rock'n'Roll, aber wie ein Schweizer Kollege mal treffend sagte: »Wir lieben die Royals, weil sie uns nichts kosten und trotzdem eine prima Show liefern.« Und ich finde, sie zeigen uns so schön, wie unterschiedlich Menschen sein können und wie absurd unsere Welt. Jetzt muss Charlie der Dritte die royale Seifenoper weiterführen. Überraschungen sind garantiert.

Könige sind in der Schweiz undenkbar, und das ist auch gut so, aber ich bin dafür, dass wir, wenn wir bauen, was wir ganz sicher weiter tun werden, hübsche, kleine Türmlein erschaffen – keine Techno- und Roche-Towers! Thank you!

Home-Kuuking

*Man schütte zuerst ein Glas Wein in
den Koch und dann ins Essen.*
HEINZ KERP

Wie flexibel musste sich doch die Erdbewohnerschaft zeigen, als die rasende, fieberhaft nach Fortschritt lechzende Gesellschaft während Covid unfreiwillig zum Wirtschafts- und Sozialstillstand kam. Aber alles hat zwei Seiten, und so gab es auch ein paar Auferstehungen des Vergangenen. Was dazu führte, dass ich plötzlich wieder in der Küche landete.

Meine Tochter meinte, sie hätte Lust auf ein amtliches Risotto. Da meine Lieblingsbeizen geschlossen oder mit irrwitzigen Auflagen gequält wurden, musste ich mich halt selbst ans Werk machen. Nun sei verraten, dass ich einige Menüs rustikal draufhabe – unter anderem meine beliebten »Spaghetti Tornado« oder »Maccaroni Be Good« wie auch die von meinen Bekochten hochgelobte »Bohemian Ratatouille«. Mit dem Reis-in-Risotto-verwandeln-Kuuking hingegen tue ich mich eher schwer. Und Kochbücher waren nie mein Ding. Ich mag Freestyle-Cooking.

Die Chefin meiner Plattenfirma, die ich damals gerade am Ohr hatte, meinte: »Schmeiss chli gehackte Zwiebeln ins Olivenöl plus Weisswein zum Andünsten, dann den Reis hinterher und Bouillon dazu und am Schluss Parmesan. Du schaffst das!«

Zurück am Herd, sahs übel aus. Also Restart. Blöderweise liess ich mich beim Zwiebeln-ins-Öl-Geben durch das Klopfen an meiner Tür ablenken – ein Paket aus Hamburg. Ich liebe Pakete und muss sie immer sofort öffnen, denn: Was ist wohl drin? Mit anderen Worten, ich vergass Öl und Zwiebeln.

Um mehr Tipps einzuholen, machte ich noch ein paar Voice-Botschaften an meinen Freund und Oberochsen, Chef-Troubadour de Cuisine Büne Huber. Er war grad selbst am Kochen, und seine Ansage klang motivierend: »Schau, Chrisi: Das A und O ist das Schwimmen der Körner in der Bouillon und dass du immer schön dabeibleiben, also ständig rühren musst. Sicher gute fünfundzwanzig Minuten.«

Nun habe ich als Ex- oder Immer-no-chli-ADHS-Kind Mühe mit dem konzentrierten »Dabeibleiben«. Aber es wurde mir schnell klar, dass die ganze Übung, wenn ich diese Fünfundzwanzig-Minuten-Rührerei nicht konsequent anging, für die Katz war. Zu gut erinnerte ich mich an meine früheren kläglichen Versuche mit den putzigen Reiskörnli. Entweder sie hockten braunschwarz angebrannt am Pfannenboden an, oder sie waren zu saignant. Oft war das Resultat auch eine tanggige, weisse Masse, die mich an Milchreis erinnerte. All das wollte ich weder mir noch meinem Tochterkind antun. Also hielt ich mich strikt an den Fahrplan, schickte hie und da ein paar Bilder per Handy nach Bern, und nach einer halben Stunde war sie fertig, die Götterspeise, der ich, aus reiner Farbenfreude, mitten im Akt noch ein paar fein geschnittene rote und gelbe Peperoni beigab. Meine Tochter war auf jeden Fall happy und ich auch. Nächstes Mal versuche ichs mit »Purple Rice«, aber da werde ich die Hilfe meiner Liebsten brauchen.

Vor dem Einschlafen dachte ich noch etwas übers Kuuking nach. Wie unglaublich privilegiert wir sind, über all diese wunderbaren Speisen zu verfügen und damit spielen zu können. Lange Zeit erschien mir Kochen als Pein, weil ich, meiner Meinung nach, Gescheiteres zu tun hatte. Zudem erinnerte ich mich, wenn ich denn mal am Herd stand, mit Schrecken zurück an meinen Job als Vizekoch im Restaurant Kreuz zu Solothurn, der mir half, über die Runden zu kommen, bevor die Rockrakete abhob. Das waren – rückblickend – zwar lustige Zeiten, aber halt doch eher ein Müssen.

Beim Risottoessen kam mir wieder meine liebe Mutter selig in den Sinn. Der Job eines Kochs / einer Köchin war schon immer arg unterbewertet und oft nebst fehlender oder schlechter Entlöhnung sogar noch mitleidig verspottet. Dabei ist Fürsorge und gutes Essen doch ein Liebesbeweis. Man müsste es halt nur erkennen und auch endlich würdigen. Wohl dem Manne, der neben den selbst gebastelten Menüs noch eine Frau hat, die ihm hie und da was Leckeres auf den Tisch zaubert. Ich feiere das jedes Mal ab.

Als Vielgereister weiss ich heute, dass ich mich klar dann am besten fühle, wenn ich all den überflüssigen Fast-Food-Müll und den gezuckerten Schnickschnack-Durchlauferhitzer-Mist weglasse. Die Food-Wahrheit 2023 tut vielleicht etwas weh, aber stimmt einfach: »Du bist, was du *nicht* isst.« Das gilt übrigens nicht nur für die Nahrung, sondern auch für die Musik. Ums Weglassen gehts! Dann kann mans noch mehr geniessen, denn »less« ist definitiv »more«!

Grosse Düfte

Die Seele aller Wesen ist ihr Duft.
PATRICK SÜSKIND IN »DAS PARFUM«

Der Ausflug zum Weihnachtsmarkt ist eines meiner alljährlichen Highlights. Die Lichter und der putzige Krimskrams erfreuen mich, obwohl es ja wieder und wieder dasselbe ist: die immergleichen Chrömli-, Tassen- und Christbaumkugel-Stände. Aber – es ist Teil meines ganzen Weihnachtsrituals, mir das einfach anzusehen. Ich brauche nichts zu kaufen, um glücklich wieder heimzukehren. Es geht mir wie den Kindern, die eine Gutenachtgeschichte zwanzigmal hören wollen, obwohl sie sie längst auswendig kennen. Ich gehe also zum Bummeln dorthin, ohne die Absicht, etwas zu erstehen, und ohne die Erwartung, Neues zu entdecken. Ich bin sogar froh, alles immer wieder so anzutreffen, wie ich es in Erinnerung habe. Einen Tag nichts Neues gebären, verarbeiten oder bekämpfen zu müssen, hat auch was. Mein ultimatives Glückserlebnis findet an so einem Weihnachtsmarkt über die Nase statt: Auf meinem Rundgang komme ich am Stand vorbei, wo es nach feinen Crêpes riecht, am nächsten erfreut mich der Duft von frischen Riesenbrezeln und kurz darauf der von süssen Zimtsternen, die meine Liebste so mag. Es riecht da und dort nach Lebkuchen, Zimt und Vanille und in den herzig kitschigen und urchigen Bretterbeizen nach verschiedenen Suppen, Kaffee und Glühwein. Das Schlaraffenland der Düfte! Dieses Erlebnis erfordert viel Zeit. Man kann nicht alles inhalieren, wenn man kurz vor Feierabend durch den Markt hetzt. Schlendern ist angesagt. Luege, lose u schmöcke.

Aber o weh! Welche Dreistigkeit, wenn plötzlich, mitten in diesem Wintermärchen, ein Wesen an einem vorbeidrängt, das eine Rexona-, Old-Spice-, Moschus- oder, noch viel schlimmer, eine Haarlackfahne hinter sich herzieht! Un-zu-mut-bar! Wo bleibt da die Eingangskontrolle? Störenfriede werden doch sonst auch von der Securitas hinausbefördert. Macht niemand Duftmessungen? Überhaupt: Warum haften die Moleküle dieser Chemiedüfte so lange in der Luft? Was machen die eigentlich mit unserer Haut? Wie lange dauert die Halbwertzeit dieser Amokdeos? Bei anderen chemischen Substanzen gibts doch auch Dosierungsvorschriften? Fragen über Fragen.

Die Werbung will uns weismachen, dass man durch Parfum auf andere erotisch wirkt. Warum wird mir dann derart übel, wenn so ein mit Kunstgeruch mumifizierter Mensch an mir vorbeigeht? Mich erinnert das Deoproblem an ein Tonband. Warum? Wie war das doch damals, als wir uns selbst aufnahmen und uns das erste Mal selbst hörten? Wir fanden unsere Stimme horrormässig, weil wir sie vorher nie von aussen gehört hatten. Ich zumindest kam mir selbst fremd vor so ganz ohne Eigenresonanz! Beim Körpergeruch ist es genauso. Normalerweise riecht man sich selber ja kaum. Aber irgendwann in der Pubertät realisiert man plötzlich, dass da manchmal etwas schweisselt und böckelt. Es riecht nach Mensch. Igitt! Wir wollen doch wie Gott riechen, wie eine Paradiesblume – den Eigenduft mit Fremdduft übertünchen, und gut ists? Nein, eben nicht!

Nun, davon will die Parfumbranche selbstverständlich nichts wissen und sprayt uns mit Präparaten von Rosen, Lilien und semigiftiger Chemie zu. Wohlverstanden – ich liebe feine Düfte, und es gibt ein paar wirklich gute, aber bitte nicht diese aggressiv designten Killerparfums! Früher hat man derartig riechende Hygieneartikel leicht verschämt in die WC-Schüssel gehängt. Heute schmiert sich der geneigte Broker, der nicht stinken darf, wenns ihm stinkt, ganz Ähnliches unter seine Achsel des Bösen.

Als im Sternzeichen Skorpion geborener Rocker gehöre ich nicht unbedingt zu den Chefdiplomaten dieses Landes. So kann es passieren, dass ich einer Frau fürs zweite Treffen vorschlage, sie solle bitte ganz »nature« erscheinen. Den Sensiblen brauche ich das gar nicht erst zu sagen. Sie haben begriffen, wie man fremde Düfte einsetzt – sicher nicht als Spraywaffe! Solche braucht man gegen Mücken und zur Abwehr von aufdringlichen Männern. Nein, die Frau, die ich mag, geht mit einem genialen Duft so um, dass man ihn, wenn man ihr nahekommt, erst beim dritten Atemzug sanft wahrnimmt. Meine eigene Haut riecht, wenn ich dem zarten Geschlecht glauben kann, nach Karamell. Das soll und darf so bleiben. Denn ich bin sicher, dass ich mit meiner diskreten Körperaura niemandem die vorweihnachtliche Stimmung zu versauen vermag.

Also, liebes Christkind, meine Nase wünscht sich einen achten Bundesratssitz samt Departement: das BUSCHOLS – das Bundesamt zum Schutz des olfaktorischen Sinnes. Die ausschliessliche CO_2-Ausstossbekämpfung reicht mir nicht. Hätten wir eine Duftpolizei, könnte ich wieder in Ruhe essen gehen, befreit zu Weihnachtsbazaren pilgern und meinen Riechzellen die wohlverdiente Ekstase gönnen, ohne den Frust eines Coitus interschnupfus bewältigen zu müssen.

In dem Sinne empfehle ich für friedvolle, dufte Festtage das beste aller Parfums: leicht angebrannte Tannennadeln.

Thai-Massage

*Das Leben ist so kurz, dass wir uns
sehr langsam bewegen müssen.*
THAILÄNDISCHES SPRICHWORT

Da der Mensch leider keinen Winterschlaf macht – es würde ihn und das ganze Ökosystem ein bisschen entlasten –, musste ich halt mal was anderes ausprobieren: überwintern im Sommer. Ein Freund stellte mir und meiner Liebsten sein Haus in Koh Phangan zur Verfügung. Traumlage, Traumpool, zmitzt im Palmendschungel und doch fast am Meer. Mich haut ja so schnell nichts mehr um, aber diese Sicht über die prallgrünen Palmenwälder auf die schneeweissen nahen Meeresbuchten, vor denen sich ständig verschiedene Blau- und Türkisfarben vermischen und in ihrer Pracht überbieten, wo am fernen Horizont Tag und Nacht Schiffe vorbeiziehen und die Sonne und der Mond das Wasser glitzern lassen, hatte es in sich. Fast zu viel des Guten. Dazu noch die einzigartigen Gesänge der Vögel, der Tokay-Geckos, der kreisenden Weisskopfadler, die sanften Geräusche der Wellen und das leise Säuseln des warmen Windes, der über die Haut streichelt. Das Paradies kann nicht viel anders sein.

Die Insel Koh Phangan im Golf von Thailand, die zu Unrecht nur für ihre abgefahrenen Full-Moon-Partys bekannt wurde, ist klein, aber sehr vielseitig. Hier probieren junge oder mittelaltrige Menschen, Backpacker, Hippies und Aussteiger neue Lebensentwürfe oder Geschäftsmodelle aus. Und man fühlt sich freier als vielerorts, da es quasi null Vorschriften, Kontrollen und Regeln gibt. Der Staat hält sich auf erfrischende Art zurück. Man setzt auf Eigenverantwortung. Eine gewisse Gelassenheit ist der Grundton, und das ist und tut gut. Ich habe hier kreative, witzige und spirituelle Menschen aus allen Ecken und Enden der Welt getroffen. Einen Vibe, den ich so nur im letzten Jahrhundert in Kalifornien, London oder Ibiza erlebte. Und meine Liebste sagt, sie sei noch nie so vielen freudigen, wohlwollenden, herzoffenen Frauen begegnet wie in Koh Phangan.

In all den Wochen, in denen ich in dieser Oase leben durfte, lernte ich auch die Mentalität der Arbeiter etwas kennen. Und kam ins Staunen. Eine Berufslehre gibts hier nicht. So zeigen einem einige Handwerker nur ungern, wie sie ein Problem lösen, da sie befürchten, man brauche ihre Hilfe beim nächsten Mal nicht mehr oder werde mit dem neu erlangten Wissen gar ein eigenes Business auftun. Ich empfand dies aber nicht als Misstrauen oder gar Bösartigkeit, sondern verständlicherweise schlicht als Absicherung des eigenen Lebensunterhalts. Ich fand auch das originelle »no have«, wenn etwas nicht vorhanden oder erhältlich ist, amüsant, weil es dermassen charmant vorgetragen wird, dass man gar nicht erst übellaunig werden kann. Es steht etwas einfach nicht zur Verfügung, und damit hat es sich. Insgesamt läuft in Asien einfach alles langsamer und bedächtiger.

Natürlich hat vieles auch mit dem Klima zu tun. Mir persönlich hat die Luftfeuchtigkeit phasenweise zu schaffen gemacht. Die Tropen sind wir Trockenhäuter uns schlicht nicht gewohnt, sie machen das Atmen und Bewegen etwas schwerer. Ist aber auch eine Gewohnheitssache, wie mir Ausgewanderte versicherten. Und – sie hatten recht. Mir ging es von Woche zu Woche besser damit. Das gute Preis-Leistungs-Verhältnis liess mich staunend zurück. Vielseitiges, leckeres Essen oder eine Thai-Massage kosten für uns Europäer dermassen wenig, dass man beim Bezahlen fast schon ein schlechtes Gewissen bekommt – wogegen nur eines hilft: angemessenes Trinkgeld. Dann die Sprache: Thailändisch ist ein lustiger, fröhlicher Singsang. Die meist einsilbigen Wörter können durch Aussprache in unterschiedlichen Tonhöhen und Tonverläufen gänzlich unterschiedliche Bedeutungen haben. Ich versuchte mich im Freestyle darin, was vor allem die Frauen zu Lachsalven hinriss. Es tat gut, für ein paar Wochen die Sprachen, die einem geläufig sind, nicht so oft zu hören. Weniger Blabla-Small-Talk-Blues und mehr Ruhe im Kopf, wenn man nicht mithören muss.

Das alles war eine interessante und schöne Erfahrung, doch wie so oft, wenn ich nach langen Reisen wieder nach Hause komme, lobpreise ich *unser* einmaliges Land. Oft kalt, aber viel Qualität, wie meine Tochter zu sagen pflegt. Wieder daheim, freue ich mich auf das beste Brot der Welt, den schmackhaftesten Käse, die gute Luft, die Fussball-Kids im Quartier, die Krokusse im Garten und den Frühling vor den Fenstern. Ja, die Schweiz ist in ihrer Gesamtheit unschlagbar. Möge es so bleiben. Und übrigens: Meine Thai-Masseurin in Solothurn ist immer noch die beste.

Hundeliebe

If you want a friend, get a dog.
GORDON GEKKO

Ja, ich gehöre auch zu denen, die sich eine Kindheit lang einen Hund gewünscht haben und keinen bekamen. Immerhin gabs mit Ali, einer Strassenmischung, halb Boxer, halb Dackel, einen kurzen Versuch, aber das machte es nur noch schlimmer. Da der Welpe wohl zu früh von seiner Mutter getrennt wurde und daher immerzu jaulte, quartierten ihn meine Eltern des Nachts im Keller ein, und das kam nicht gut. Nach nur drei Tagen war Ali wieder dort, wo er herkam. Eine traurige Geschichte.

Auch eine unheilvolle Geschichte war dann das Schicksal des lustigen kleinen Maltesers meiner ersten Freundin. Nofloh, so hiess das süsse Wesen, wurde, weil ihre Besitzerin kurz unachtsam war, von einem Lastwagen überrollt. Wahrlich kein schöner Tod. Ich bekam die Horror-News, als ich im Bett lag. Mit verspäteten »spitzen Blattern«. Ja, ein Unglück kommt selten allein. Als Pockenmonster konnte ich die in Tränen aufgelöste Liebste nicht richtig trösten, ohne sie mit meinem Anblick noch tiefer ins Elend zu stürzen.

Etwas später begannen dann meine Hundejahre mit dem göttlichen Buzzli, den ich aus einem Tierheim holte. Ein wunderbarer schwarzer Labrador-Schäfer-Mix. Aus seinen Augen strömte pure Liebe. Er tat meiner Seele gut. Buzzli wollte überall mit dabei sein. So legte er sich jeweils demonstrativ vor die

Pauke meines Schlagzeugs und war da fast nicht mehr wegzubringen. Ein echter Rock-'n'-Roll-Dög. Einem Hörtest ging er aus dem Weg. Legendär auch sein Einsatz am traditionellen Weihnachtsfest meiner Eltern, wo er unbeobachtet elegant das Rollschinkli vom Tisch fischte. Mit Buzzli wurde es nie langweilig. Nach seinem Tod folgten Aika, ein lustiger Langhaarpudel, dann Samba, ein Dingohund, der es liebte, wenn man ihm sein Essen in der Erde vergrub, und schliesslich der einzigartige Ozzy von Osnabrück.

Ozzy, ein schlanker Labrador, war *der* Star. Alle liebten ihn. Ein Schmusehund vor dem Herrn. Er brach alle stolzen Herzen und Schwimmrekorde und konnte sogar singen. Kaum spielte ich einen wehmütigen Blues oder eine triefende Ballade auf meinem Flügel, legte er los, meist treffsicher. Es wäre nur eine Frage der Zeit gewesen, bis Ozzy sich einen Plattenvertrag ergattert hätte. Er entschied sich aber für ein ruhiges Leben abseits der Bühne. Bei mir lief es aber gerade in die andere Richtung. Meine Musikkarriere hob ab. Endlose Auslandtourneen waren aber nicht das, was Ozzy happy machte. Ich sah mich gezwungen, ein neues Plätzchen für diesen Traumhund zu finden, denn das ewige Hin und Her war Gift für den treuen, sensiblen Begleiter. Ein harter Abschied, der gleichzeitig meine hundelosen Jahre einläutete.

Seit bald zwanzig Jahren unterstütze ich nun verschiedene Tierschutzorganisationen und Tierheime, auch in meiner zweiten Heimat Kreta, wo ich bei der Vermittlung von herrenlosen Hunden helfe. Nach den verwahrlosten Kettenhunden Sokrates und Asku, die ich bei einer Architektin und einem Bäcker platzieren konnte, stand letzte Woche wieder ein Dög-Transport von Griechenland in die Schweiz an. Meine Tochter spürte den süssen Mischling, wir nannten ihn Salman, in einer südkretischen Strassenecke auf, und wir fanden kurz darauf ein Plätzchen für ein glückliches Hundeleben. Den neuen Besitzern sage ich immer dasselbe: Bitte definiert die Liebe zu eurem neuen Freund nicht durch Überfütterung, sondern durch viel Auslauf und Zeit mit ihm. Hunde brauchen viel Bewegung und mindestens ebenso viel Zuneigung wie wir Menschen auch.

Ich selbst muss leider vorerst noch etwas warten mit einem nächsten Vierbeiner. Ruhe und Sesshaftigkeit in meinem Leben sind noch nicht ganz da, und damit kann ich auch nicht genug Verantwortung übernehmen, um der Zuneigung dieser grossartigen Tiere gerecht zu werden.

Ich habe aber Bella, einen grossen Neufundländer aus schwarzem Kunststoff, im Garten. Eine supertreue Wächterin. Ihr Vorteil: keine Hundesteuer, kein Haar-Blues und sehr futterscheu. Zum Kuscheln jedoch etwas unflauschig. Ich freue mich schon auf den Tag, wo sich das ändert und ich wieder rufen kann: »Gibaus, Osho, gibaus!«

Nirwana für alle

Nirwana ist eine bestimmte Qualität des Geistes.
DALAI LAMA

Ein neugieriger, lebendiger Teenager, wie es auch heute Millionen gibt, stellte sich die Allerweltsfrage, was denn der Sinn des Lebens, was sein Weg sei und ob es nicht noch etwas Grösseres und Spannenderes gäbe als das, was die anderen für ihn so in Planung hatten. Zuerst studieren, dann Job finden, schliesslich arbeiten, heiraten, Schulden abzahlen, Kinder grossziehen, ein paar wenige Wochen Ferien pro Jahr, Pension und ein paar Jahre oder Jahrzehnte auf den Tod warten.

Dieser Teenager war ich, und die Antwort auf meine Frage tönte so: Trostpreis, ungelebtes Leben, Absicherung, »survival of the sickest«. Da musste doch mehr drin sein in den rund dreissigtausend Tagen, die so ein Achtzigjähriger lebt, rief es in mir!

Mir war auch schon früh klar: Das in der Schule Eingetrichterte würde meinem existenziellen Dasein nichts bringen, es hatte wenig mit Leidenschaft, Lebensfreude, Empathie, Hingabe und echtem Leben zu tun. Hier drängt sich eine kurze Zwischenfrage auf: Wenn die Kinder die Zukunft unserer Gesellschaft sind, warum machen die Erwachsenen es ihnen dann so schwer? All das Kreative, das Spielerische, das intensive Im-Moment-Leben, das ihr Dasein ausmacht und in der BIBEL mit *Werdet wie die Kinder* hochgepriesen wird, ist plötzlich nichts mehr wert und wird durch den dumpfen »Ernst des Lebens« einer abgemeldeten Konsumgesellschaft ersetzt? Ohne mich! Diese Unterdrückung wollte ich nicht akzeptieren. Im Unterbewussten spürte ich, was LAOTSE so formulierte: *Der Weg zum Tun ist zu sein!*

Mein erstes spirituelles Erlebnis hatte ich nicht im Gottesdienst, nein, sondern beim Hören des Beatles-Songs »She Loves You«. Kosmische Aufbruchsstimmung, dermassen auf dem Punkt! Viel näher konnte ich Gott nicht sein. So gab ich direkt von meinem Sinnierbett folgende Bestellung auf: »Liebes Universum, ich will meinen Traum leben, Musik machen, schreiben, frei sein, Rockstar werden und die Frauen beglücken…!« Ihr lacht? Ich auch! Aber genau so lief es. Ich bin auch heute noch davon überzeugt, dass die Utopie, also das scheinbar Unmögliche zu träumen, der Weg sein kann. Meine Losung hiess: »Folge deiner inneren Stimme, sei mutig, sei crazy, sei unerschrocken und vor allem: Sei du selbst, denn die anderen gibt es ja schon!«

Damit solches möglich wird, muss zuerst der zugeschüttete einmalige Wesenskern in uns freigeschaufelt werden. Weg mit dem Schutzpanzer und dem Möglichkeitenkiller, hinweg mit dem Müll wie »Das geht doch nicht«, »Das wird nie klappen«, »Das gehört sich nicht«, der uns seit frühster Kindheit reingedrückt wurde. Wegweisend dabei ist, durchzuhalten, das Goldsieb lange genug zu schütteln, um das zu finden, was du wirklich gerne tust. Jeder und jede hat irgendein Talent. Egal, was es ist und welche Hindernisse im Weg stehen. Und verhungert ist in diesem Land sowieso noch niemand – vertrocknet und verbittert jedoch schon viele. Ein grosser – zugelassener! – Gedanke oder ein innerlicher – gehörter! – Ruf können das ganze Leben verändern. Denkbar ist auch machbar!

Ihr glaubt, das sei abgehobene Spinnerei? Dann frage ich: Warum hat es denn ausgerechnet bei mir geklappt, einem mittelmässig begabten Jurasüdfuss-Bleichgesicht? Wie war es denn möglich, dass ein paar Provinzschweizer, die von vielen nur verspottet wurden, den Engländern und Amis, notabene den Erfindern des Rock'n'Roll, Millionen von Tonträgern verkaufen konnten und, umschwärmt von bezaubernden Frauen, auf den grossen Bühnen dieser Welt spielen durften? Die Antwort ist: Wir Jungs hatten einfach die Beherztheit, gross zu denken und noch grösser zu träumen, hinzu kamen Verwegenheit, Mut und der Willen, unsere Vision konsequent und gegen alle Widerstände durchzuziehen. Alles auf eine Karte zu setzen und dranzubleiben. Einen Beruf zu leben, der Berufung war. Mein Beispiel sollte vielen Unzufriedenen und Zögernden Mut und Kraft geben. Das war kein Zufall, das funktioniert!

Wie froh und dankbar bin ich heute, den Traum des Teenagers ernst genommen zu haben. Natürlich durchlebten wir Krokusse jede Menge Durststrecken, brutale Abstürze und machten vieles falsch. Aber das gehört zum Leben und zur eigenen Entwicklung einfach dazu, das ist ein ständiger Lernprozess. Zu scheitern formt dich, gibt dir Kraft und Erfahrung. Und klar: Auch Flöhe und Wanzen gehören zum Ganzen. Aber allen Widrigkeiten zum Trotz seinen Traum zu verwirklichen, nicht aufzugeben, das macht das Leben erst lebenswert.

Starken Schub und Läuterung brachten mir in jungen Jahren die Bücher von Hermann Hesse. Jenen Verkopften, die sich immer noch dem überheblichen Irrglauben hingeben, Hesse sei ein vorübergehender, selbstverliebter Innerlichkeitsromantiker gewesen, empfehle ich, sich die Mühe zu nehmen, »Demian«, »Siddhartha« oder »Der Steppenwolf« zu lesen. Da ist nämlich alles drin, worum es im Leben geht – vorausgesetzt, man sieht das lebendige, intensive, kreative, widersprüchliche Leben als Gesamtkunstwerk und ist bereit für eine innere Revolution.

Man möge sich kurz vorstellen, welcher Zeitgeist in den Sechzigern, in denen ich zum Teenager wurde, herrschte: Der völlig harmlose Song »Marmor, Stein und Eisen bricht«, er erschien 1965, wurde vom Bayrischen Rundfunk verboten. Warum? Wegen eines falsch konjugierten Verbs! Die Sittenwächter befanden, es müsse heissen: »Marmor, Stein und Eisen brechen«. Tja, das waren Zeiten: Mit halblangen Haaren wurde man damals auf offener Strasse entweder angespuckt oder als nutzloser Taugenichts und Gammler beschimpft. Heute nennt man so etwas Rassismus oder Ausgrenzung. Damals bekam man fürs Sichbeklagen höchstens eine aufs Maul. Was also dringend anstand, war eine Gegenbewegung und allem voran Selbstfindung. In dieser schwarz-weissen »I Can't Get No Satisfaction«-Zeit existierten hierzulande weder alternative Schulen noch visionäre, progressive Seminare. Die Bewusstseinserweiterung musste man schon selber in die Hand nehmen, was übrigens nachhaltiger war als das Achtundsechziger-Pseudorevolutionsgetöse. Mir ging es mehr um eine sanfte, kreative, naturverbundene Revolution und Selbstverwirklichung, nicht um gesellschaftspolitische Umstürze. Nachhaltige Revolutionen finden nicht auf der Strasse, sondern im Kopf und im Herzen statt. MAHATMA GANDHI sagte: *Sei du selbst die Veränderung, die du dir wünschst für diese Welt.* Was ich – 1968 gerade mal siebzehnjährig – liebte, das waren nicht die Steinwerfer und Radaubrüder, sondern all die Blumenmädchen in ihren farbigen Fetzen und Tüchern, die uns Greenhorns zeigten, wos langging.

Und als dann John und Yoko während des Vietnamkriegs 1969 mit »Give Peace a Chance« und zwei Bed-ins, einer experimentellen Form des gewaltfreien Protests für den Frieden, im

Amsterdamer Hotel Hilton und im Queen Elizabeth Hotel in Montreal eincheckten und ich etwas später noch der fernöstlichen Philosophie begegnete, war mir klar, wo ich zukünftig zu Hause sein wollte. Wer diese Wandervogelwonnen, diese neckischen, unfrommen, unbekümmerten »Summer of Love«-Tage nicht genoss, dem konnte wirklich nicht geholfen werden. Ich will die Abstürze, die diese mit sich brachten, nicht verschweigen. In Hoch-Zeiten kann man schon mal übermütig und leichtsinnig werden. *Nichts ist schwerer zu ertragen als eine Reihe von guten Tagen,* wusste schon GOETHE.

Doch nach Downs und Rückschlägen, seid versichert, gehts weiter. Die besten Hilfsmittel, um den allgegenwärtigen menschlichen Dämonen, dem unwürdigen Mangel-Feeling Einhalt zu gebieten und schliesslich in einen nährenden, zufriedenen Flow zu kommen, sind Musik, Liebe, Humor, Natur, Tiere, Yoga, Malerei, Meditation und ein gutes Buch. Das vertiefte Beobachten seiner Innenwelt ist dabei essenziell. Weil dort Frust, Hass, Krankheit, aber eben auch Freude, Vertrauen, Fantasie und Gelassenheit entstehen. Wenn das Innere im Lot ist, kommt es auch im Aussenleben gut. So kitschig es tönt: Wir müssen immer wieder unsere Energiequelle von »Angst« auf »Liebe« umstellen – weg von der Opferhaltung. Klar, das ist in dieser oft kalten, vergrobten Welt nicht immer einfach, aber möglich und dringend notwendig.

Also, werte Zweifler und Akademiker-Druiden aller Wärme- und Kältegrade, probiert, es zu begreifen: Es gibt Sachen zwischen Himmel und Erde, die müssen wir nicht erklären, ausrechnen und zerreden, nicht die Stille in uns selbst, nicht den wiederkehrenden Frühling, nicht den Duft einer alten Rose, nicht die Farbenmagie des Oktobers, nicht das Lachen der Liebsten, nicht ein gutes Risotto mit Wein, nicht die Sonne im

Herbst, nicht das »Requiem« von Mozart, nicht das Wesen einer wirklich spannenden, unergründbaren Frau. Fragt nicht, empfangt und geniesst einfach. Es sind Wunder. Die göttliche MAE WEST brachte es auf den Punkt: *Du lebst nur einmal, aber wenn du es richtig machst, ist einmal genug.*

Und am Ende gibt es Nirwana, Gnade, Erlösung, und zwar für alle. Das ist doch schön. Und nein, die Welt ist nicht verloren. Das Leben geht weiter, und wir haben die privilegierte Chance, es zu feiern – mal lauter, mal leiser.

Übrigens: Ich war schon als Kind ein grosser Bewunderer der Indianer. Bei ihnen gabs den Brauch, dass man einem Kind bei seiner Geburt noch keinen Namen gibt. Alle strebten ihre ganze Jugend danach, einen zu bekommen. »Kleine Wolke«, »Wilder Büffel« oder »Schneemädchen«. Das Leben wählt und macht deinen Namen. Die Menschen, die du triffst, die Herausforderungen, die du meisterst. Auch ich kam nicht als Chris von Rohr zur Welt, sondern wurde es erst im Laufe der Zeit. Gut so.

Der Berg ruft

Berge sind stille Meister und machen schweigsame Schüler.
JOHANN WOLFGANG VON GOETHE

Ich bin ja am Jurasüdfuss aufgewachsen. Unsere Hausberge sind der Weissenstein, der Balmberg, die Hasenmatt und der Grenchenberg. Meine Eltern waren ihrer Arbeit wegen sehr oft abwesend, aber ich schätzte mich glücklich, einen präsenten, aktiven und lustigen Grossvater zu haben. Da er einen akuten Bergtick hatte, versuchte er, mich für die Wanderziele der Region zu begeistern. Mir aber gings ähnlich wie vielen Youngsters, deren Vorfahren versuchten, aus ihnen Vize-Luis-Trenkers zu machen: Ich war, gelinde gesagt, überhaupt nicht begeistert. Aber ich riss mich am Riemen: Tapfer machte ich die anstrengenden Hügelablatschereien mit. Dabei gelang es meinem Grossvater oft, mich mit spielerischen Quizfragen zu Baum-, Tier- und Pflanzenarten geschickt bei der Stange zu halten. Immer wenn ich wieder ins Jammertal zu fallen drohte, zog er ein neues Kaninchen aus dem Hut: Wir sammelten Pilze und Tannzapfen, machten Steinwerf-Wettbewerbe, im Sommer grosse Lagerfeuer und im Winter noch grössere Schneemänner. So überbrückte er meine Langeweile und die hie und da vorgetäuschten Wadenkrämpfe.

Ohne es bewusst wahrzunehmen, erlebte ich bei unseren Mini-Bergtouren auch immer wieder die heilende Wirkung der Natur. Am Abend eines solchen Trips schlief ich nicht nur besser, sondern fühlte mich tags darauf auch genährter als sonst. Natürlich konnte ich das damals noch nicht sehen, geschweige denn zugeben. Heute weiss ich, dass diese Wanderungen ein wichtiger Teil meiner Erziehung waren. Sinnvolle Erziehung ist ja nichts anderes als Beispiel und Liebe! Diese Liebe zu den kleinen Dingen der Natur wusste mein Grossvater aufs Vorzüglichste zu zelebrieren. Jeder Käfer, jede Bergdistel und jeder Ameisenhügel waren für ihn ein eigenes Universum, eine weitere Sensation auf dem Weg zum nächsten Ziel. Und er liess mich mit Leib und Seele daran teilhaben. Erst heute, wo es Kinder gibt, die nicht einmal mehr wissen, wo Milch und Honig herkommen und in der Migros mit leblosen Augen zwischen den Regalen stehen, weiss ich voll und ganz zu schätzen, was für ein grosses Glück ich mit meinem Granddad hatte. Er öffnete mir den Weg zur Natur und gleichzeitig zu mir selbst.

Der absolute Überflieger war für mich die unvergleichliche, sehr leidenschaftliche Schilderung seiner Besteigung des Matterhorns. Er erzählte von den Vorbereitungen und der damals noch sehr einfachen Bergsteigerausrüstung, vom Aufstieg am Vorabend von Zermatt zur am Fuss des Horu liegenden Hörnlihütte, von der Tagwache um vier Uhr, dem letzten Gebet vor dem Einstieg in die gefahrvolle, tückenreiche, zu dieser Tageszeit noch im Dunkeln liegende Wand.

Seit der Erstbesteigung 1865 verloren am Matterhorn knapp sechshundert Menschen ihr Leben, was den Berg, gemessen an absoluten Todeszahlen, zum tödlichsten Gipfel der Welt macht. Auch heute sterben noch durchschnittlich acht Menschen pro Jahr am Klassiker der Schweizer Alpen, weil sie seine Schwierigkeit unter- oder ihr Können überschätzen. Für in Wetter- und Bergnot geratene Alpinisten gibts dann auf 4003 Meter Höhe die kleine Solvayhütte am Hörnligrat. Es folgt die Steilstrecke zur

Spitze. Die Belohnung für diesen ganzen Krampf ist dann wohl das einmalige und doch irgendwie banale Gefühl des Auf-dem-Gipfel-Stehens, das nur kurz andauert, im Bewusstsein, dass der schwierigste Teil erst kommt: der Abstieg. Dabei passieren die meisten Unfälle, aufgrund von Übermüdung, Unachtsamkeit oder steifen und flatternden Knien. Wer es schafft und die letzten Gefahren überwunden hat, kommt, so Gott will, nach circa acht bis zwölf Stunden wieder in Zermatt an. Grossvaters Erzählungen beeindruckten mich unendlich, und ich wollte sie immer wieder hören. Seither habe ich eine besondere Verbindung zum Matterhorn und zu seiner Umgebung.

Von Zeit zu Zeit weile ich in Zermatt bei Familie Müller-Julen. Ich darf da die Gastfreundschaft dieser grossartigen Familie erfahren, die meine Tochter aufs Herzlichste beherbergte, während sie in deren wunderbarem Hotel Cœur des Alpes arbeitete. Ihre talentierten Kids spielen bei Wintershome und Sky of Augustine. Lohnt sich, reinzuhören. Als Erstes lernte ich aber vor vielen Jahren den visionären Künstler und Architekten Heinz Julen kennen. Durch ihn erfuhr ich manch Spannendes von seinem Werk und von Zermatt. Ihm gehört das Backstage Hotel mit dem legendären »Vernissage«, wo Bands auftreten, Filme oder Kunst gezeigt werden und immer ein Kaminfeuer brennt. Er ist der Bruder von Leni Julen, auch bekannt als nimmermüder »Gemsi-Leuchtstern«. Zusammen mit ihrem charismatischen Mann Thomas »Clint« Müller führt sie besagtes Herzhotel. Und wenn ich schon zum Reiseführer werde, empfehle ich auch gleich noch einen Besuch im Bergrestaurant Chez Vrony in Findeln, wo Vrony und Max ihre Gäste aufs Vorzüglichste bewirten. Zudem ist der Walk von Findeln, das man bequem mit dem Funiculaire via Sunnegga erreicht, runter nach Zermatt ein kleines Naturwunder. Mein Lieblingsplatz zum Abhängen ist das liebevoll geführte »Manud«. Da kann man nebst Super-Food auch Drinks geniessen und einiges bestaunen, sogar zwei grosse Wandbilder von mir. Und wers abends lustig mag, sollte das immer gut gelaunte Zermatter Unikum Dan Daniell im »Chez Heini« besuchen. Er ist der crazy singende Farbtupfer dieses legendären, weltbekannten Dorfes.

Es ist immer wieder schön, all den Menschen dort zu begegnen und ihren Geschichten zu lauschen. Zudem inspiriert mich die lockere, lustige und kreative Atmosphäre immer wieder aufs Neue. So brachte ich das Design des Gotthard-Albums »Defrosted« und den Namen des »Zermatt Unplugged« dort oben zur Welt. Zermatt gehört für mich zu den magischsten Orten, und ich versuche, es mindestens einmal pro Jahr zu besuchen und mit all meinen Sinnen regelrecht aufzusaugen.

Das letzte Mal, als ich mit Leni zur Hörnlihütte wanderte, wurden die zweieinhalb Stunden Aufstieg zur Qual, erst recht weil ich den lieben Selfiejägern gerecht werden wollte. Oben angekommen, realisierte ich, dass Arbeiten im Gange waren und hie und da ein Heli mit Material hoch- und leer wieder runterflog. Ihr könnt euch vorstellen, was da durch meinen Kopf ging, und so kam es auch: Meine miese Tagesverfassung verhalf mir mit etwas Unterstützung des Hüttenwarts Kurt und des legendären Piloten Gerold Biner von Air Zermatt zu einem atemberaubenden Heliflug zurück ins Tal. Nein, ein schlechtes Gewissen hatte ich nicht. Man muss die Gelegenheiten beim Schopf packen und den Spott der harten Wandersocken geniessen. Und grad nochmals nein: Die Idee, es meinem Grossvater eines Tages gleichzutun und in die Wand einzusteigen, die hatte ich auch in meiner Bestform nie. Respekt, wem Respekt gebührt.

Zermatt ist ein Sehnsuchtsort, dessen Mythos, das Matterhorn, mich seit meinen Kindheitstagen beeindruckt. Die Thesen und der Wirbel um das Schweizer Wahrzeichen sind auch heute noch überwältigend, und ich hätte noch manche Stunden den Worten des leider verstorbenen August Julen lauschen können, der mehr als hundertmal auf dem Zermatter Hausberg stand. Er erinnerte mich an die Geschichten meines Grossvaters, der auch dort oben, ganz nahe am Himmel gewesen war. Granddads Mantra lautete: »Unser aller Leben ist wie eine Bergbesteigung.«

Stimmt! Manche wählen grössere Berge, andere eher kleinere, die einen schwierigere Routen, die anderen leichtere. Viele fallen und stehen wieder auf, andere bleiben liegen. Und noch eines ist klar: Nach jedem Hoch gehts abwärts, nach jeder Party folgt der Alltag, und man ist gut beraten, auch diese Zeiten bewusst und achtsam zu nehmen.

Erfolg

*Erfolg kommt dann, wenn du liebst,
was du tust, und dranbleibst.*
CHRIS VON ROHR

Ich erinnere mich noch gut an die Zeiten, in denen wir Musiker unverdrossen Tag für Tag und bei jedem Wetter Konzertplakate aufhängten. Nicht gerade ein Highlight, aber es gehörte halt einfach dazu und spülte dann immerhin vielleicht fünfunddreissig Nasen zu unserem Konzert im Saal des Restaurants Kreuz zu Solothurn. Das war zwar kein Erfolg, aber ein kleiner Schritt, ein Mosaiksteinchen auf unserem Weg. Unser Ziel war eh nicht der Erfolg, sondern gute Musik zu machen, das nächste bessere Konzert, der prickelnde Jam, Mädchen beeindrucken und ein weiterer guter Song. Wir taten einfach, was wir tun mussten, und gaben nicht auf – wie Kinder, die selbstvergessen, leidenschaftlich und voller Hingabe an einer Sandburg bauen.

Die schönste Zeit eines jeden Schaffenden kommt, wenn er am ersten Erfolg schnuppern darf. Das sind die fröhlichsten und euphorischsten Stunden, die so nie wieder erlebt werden können. Alles ist noch frisch und pur. Freude herrscht, ohne Spekulation und Argwohn. Man kann die Anerkennung von aussen und das Lob für sein Tun kaum fassen, weil es so völlig neu ist. Das geht jedem so, der jahrelang für eine Idee, ein Buch, ein Stück Musik, ein Werk oder sonst etwas gekämpft hat. Man sollte den Erfolg geniessen, denn diese Phase ist meistens nur kurz. Erfolgreich zu werden, ist nämlich bedeutend einfacher, als erfolgreich zu bleiben.

Filmstars kriegen Oscars, Fussballer die Meisterschale oder den WM-Pokal und Skifahrer Medaillen oder Kristallkugeln. Im Musikgeschäft bekommen die Künstler goldene Schallplatten oder CDs, wenn sie ihre Sache gut gemacht haben und ihr Produkt seinen Wellenritt erfolgreich durch die Hörkanäle des Konsumenten bestritten hat. So eine Auszeichnung der Fans ist ein schöner Akt, finde ich. Doch tut es den Protagonisten überhaupt gut, mit Gold überzogen zu werden, oder erstarren sie auf dem Sockel, auf den man sie gehievt hat? Ich kenne nicht viele, die grosse Erfolge längerfristig heil überlebt haben. Da muss man schon in einer tiefen Abgeklärtheit und Demut ruhen, um nicht aus der ersten Kurve zu fliegen.

Nicht das Geld ist gefährlich, sondern der Erfolg. Die wenigsten Menschen können damit gesund und nüchtern umgehen. Denn rasch hat man neue, falsche Freunde, zudem beginnt sich das Umfeld extrem zu verändern. Leute, die dir vorher immer nur skeptisch begegnet sind, werden plötzlich zu kritiklosen Schulterklopfern und Lobhudlern. Der nötige kreative Zweifel und die gesunde Kritik werden auf seltsame Weise untergraben. Man wird plötzlich auch anders behandelt, und viele lästige, kleine Dinge werden einem abgenommen. Statt der kalten gibts jetzt die warme Dusche. Das schmeichelt. Wer kann da widerstehen? Natürlich gibts auch Neider, aber die gehören zum Erfolg wie Ameisen zum Picknick.

Erfolg kann man schwer kritisieren, und er ist ein gefährlicher Verführer. Das mussten auch Elvis und die römischen Kaiser merken, als sich plötzlich nur noch falsche Jasager und Speichellecker um sie scharten und den Weg ins Verderben ebneten. Der Hochseiltänzer merkt nicht mehr, wie hoch oben er eigentlich schon ist und wie ihn die Geister des Abstiegs bereits mit frecher Fratze angrinsen. Meist beginnt der Sturz damit, dass man den Erfolg selbstgefällig festhalten oder kopieren will. Leichtigkeit, Mut und Unabhängigkeit gehen verloren. Das Unbegreifliche daran: Der Erfolgsverwöhnte hört plötzlich damit auf, das zu tun, was er vorher jeden Tag tat, um erfolgreich zu werden. Das tägliche Pickeln und Schleifen am grossen Felsen lässt nach. Kurz, ein Erlahmen auf hohem Niveau tritt ein, gepaart mit Erfolgsarroganz und Überheblichkeit – das Gegenteil von Präsenz. Kollege DIETER MEIER, der legendäre Yello-Frontmann, hat dieses Phänomen einmal treffend umschrieben: *Die Herausforderung, für deine Wahrheitssuche plötzlich Gold angeschmissen zu bekommen, ist nach dem Erwachsenwerden der zweite Sündenfall.*

Dazu kommt: Ein erfolgreicher Macher ist noch lange kein erfolgreicher Mensch. Im Gegenteil! Erfolg spiegelt das eigene Ego noch stärker und fördert die geistigen und seelischen Defizite! Man lese nur die abstrusen People-Schlagzeilen. Ich musste schmerzlich feststellen, dass ein paar meiner künstlerischen Helden als Menschen charakterlich völlige Ausfälle waren, um es mal milde auszudrücken. Hinter grosser Kunst und einem beeindruckenden Werk steckt bedauerlicherweise nicht immer auch eine grosse Gefühlstiefe mit respekt- und herzvollem Menschentum. Kunst und Mensch sind oft zwei Paar Schuhe. Fakt ist: Erfolge lehren dich nichts. Scheitern jedoch vieles. Das Problem ist, und das betrifft die ganze Welt, dass niemand von Misserfolgen spricht, weil sie mit Schande und Schmach gleichgesetzt werden. Wir lernen jedoch an Rückschlägen, Misserfolgen und am Scheitern – sie machen uns besser und geben uns die Chance, zu erkennen, wer wir selbst und wer unsere wirklichen Freunde sind.

Übrigens, der Schweizer Wohlstand und Erfolg baut im Gegensatz zu den meisten Ländern um uns herum auf einer freiheitlichen Wirtschafts- und Gesellschaftsordnung auf. Plus der einmaligen direkten Demokratie, in der der Stimmbürger das letzte Wort hat. Doch diese steht zunehmend unter Beschuss. Ausgelöst durch undurchdachte, wirklichkeitsfremde Ideologien und Verhaltensweisen, die noch nie Friede und Freiheit brachten. Auch hier zeigt sich, wie gefährlich Erfolg sein kann. Der Hang zum Abheben ist nicht zu unterschätzen. Wir sollten da wachsam sein und unsere bewährten Errungenschaften hegen und pflegen.

»Was ist für dich Erfolg?«, fragte mich unlängst ein Journalist. Ich musste überlegen und kam zum Schluss, dass ich einen Menschen dann für erfolgreich halte, wenn er zwischen Aufstehen und Schlafengehen das tut, was ihm gefällt. Wenn er kein Sklave der Industriemaschinerie zu sein braucht und trotzdem etwas zum Wohl unserer Gesellschaft beiträgt. Ein Zustand, den viele leider oft erst sehr spät, vielleicht zu spät erreichen. Ein wirklich grosser Erfolg in meinem Leben ist es heute, ein verlässlicher Partner, Freund und Vater zu sein. Eine Familie, egal, in welcher Form, zusammenzuhalten und da zu sein, wenn man mich braucht. Das finde ich bedeutend anspruchsvoller, aber auch befriedigender, als einen guten Song oder einen Text zu schreiben. Und ja: Erfolg ist, wenn deine Kinder Zeit mit dir verbringen wollen, wenn sie erwachsen sind.

Ruf des Frühlings

Jedes Kind weiss, was der Frühling spricht:
Lebe, wachse, blühe, hoffe, liebe, freue dich und treibe
neue Triebe, gib dich hin und fürcht das Leben nicht!
HERMANN HESSE

O Frühling, wie liebe ich deine Wucht. Je mehr Jahre ich auf dem Tacho habe, umso intensiver erlebe ich dich. All deine Schönheit und Unschuld. Ich kann gar nicht genug bekommen von dir. Dein Pulsieren, dein Blühen und dein Duft hauen mich um. Ein Wachsen, das noch kein Sterben kennt – eine Sanftmut, als würden nirgendwo auf dieser Welt Stürme und Kriege toben.

Nichts symbolisiert das Erwachen und die Entfaltung mehr als der Lenz. Es ist der Sieg des Werdens über das Vergehen. Das Leben triumphiert über den Tod, und unsere Existenz besiegt das Nichts. Eine grossartige Zeit. Der Winter ist überwunden. Das Sonnenlicht wird intensiver, der Himmel blauer, die Tage länger und leichter, und die Knospen explodieren. Alles will blühen, die Vögel jubilieren, die Schmetterlinge gaukeln an uns vorüber, und die Winde werden langsam wärmer. Der Frühling ist eine Ahoj-Brause fürs Herz. Was für eine Jahreszeit! Man nehme nur mal seine Farbe: Grün! Ich als Farbenliebhaber bestaune und bejuble die tausend verschiedenen Nuancen, die nie intensiver sind. Einfach umwerfend. Grün signalisiert Harmonie und Zufriedenheit. Grün ist die Farbe des Lebens und steht für alljährliche Erneuerung und Hoffnung. Grün scheint eine

Heilwirkung zu haben. Es ist kein Zufall, dass die Ärzte im OP Grün tragen und Grünlicht an der Ampel die Weiterfahrt freigibt. Eigentlich erfreuen mich alle Farben in der Natur. Sie sind immer wohltuend und aufeinander abgestimmt. Nichts stört das Auge. Eine grosse Freude.

Und dann die Blumen. Ich mag natürlich Krokusse, die oft als Erste keck aus dem noch kalten, harten Boden spriessen. Aber auch die Schneeglöcklein, Schlüsselblümchen und Bachbummeln, die mir mein Grossvater näherbrachte. Apfelblüten, Märzenbecher, Winterlinge, Schneestolz, Elfenblumen, Zierlauch, Pfingstnelken, Flieder, Rhododendren, Katzenäuglein, Vergissmeinnicht, Bettseicherli, Stiefmütterchen, Sonnengöttinnen, Glockenblumen, Glyzinien, Magnolien, die sich leider wie auch die japanische Blütenkirsche nach ein paar Regentagen viel zu schnell verabschieden. Wie schön all die verschiedenen Tulpen mit ihren grandiosen Kelchen. Matten, voll von goldgelben Butterblumen, haben es mir besonders angetan. Sie erinnern mich an meine Kindheit, in der wir den Mädchen die Ankäblüemli unter das Kinn hielten. Leuchtete es auf der Haut gelb, liebte sie mich, leuchtete es nicht, mochte sie mich nicht. Dank diesem Test konnten wir mit den Girls auf Tuchfühlung gehen.

Für mich waren Blumen schon immer mehr als Blüten mit Stiel. Kein Wunder, dass ich mit sechzehn mehr als willig zum Hippiekind wurde. Endlich mal eine frohe und farbige Bewegung in der grauen Nachkriegszeit! Flower-Power – die Macht der blühenden Farben, Gotteszauber, eine Sprache, wie sie nie über eines Menschen Lippen kommt. Und wer sie bereits in frühen Jahren vernommen hat, dem tönt sie ein Leben lang nach. Medizin für Herz und Seele.

Ein SPRICHWORT sagt: *Jeder, der sich die Fähigkeit erhält, Schönes zu erkennen, wird nie alt werden.* Auf jeden Fall ist jeder

Frühling nach den kalten, dunklen Monaten wie eine Wiederbelebung für Knochen und Geist. Es zieht einen förmlich nach draussen, dorthin, wo die Musik der Natur spielt. Und wie gute Musik verleidet diese Jahreszeit auch nicht. Ich muss jeweils schmunzeln, wenn gewisse Kritiker sagen: »Ihr Krokusse macht immer denselben Sound, nichts Neues.« Wir antworten ihnen dann jeweils belustigt: »Mag sein, aber der Frühling ist ja auch nichts Neues und immer wieder schön.« Gerade in diesen unsicheren Zeiten, wo alle zwei Jahre ein neuer Weltuntergang ausgerufen wird, ist der Frühling ein sicherer Wert und ein grosser Trost.

Abgelöst wird das Spriessen Mitte Juni vom unwiderstehlichen Duft der Lindenblüten. Er kündigt den nahenden Sommer an, und wenn der dann in den Herbst und dieser in den Winter übergeht, erinnere ich mich an einen Satz im Lied »Wer hat an der Uhr gedreht?«, das Paulchen Panther in der Trickfilmserie »Der rosarote Panther« singt: »Heute ist nicht alle Tage, ich komm wieder, keine Frage.« Genau so hält es der Frühling auch – Gott sei Dank!

Mehr Mut

In diesem Leben ist jeder mutig, der nicht aufgibt.
PAUL McCARTNEY

Mut! Davon brauchen wir alle reichlich, immer wieder. Doch wieso sind wir so mutlos geworden? Meist ist es die Angst vor Neuem, vor dem Scheitern oder vor Verlust. Dabei sind genau diese Erfahrungen die grossen Lehrer im Leben. Zu viel Sicherheit bremst und raubt uns die Freiheit. Die aber erwacht nur zum Leben, wenn wir etwas dafür riskieren, egal, was alle sagen. Gerade in Krisenzeiten wäre mehr Entschlossenheit angesagt. Ängste müssen überwunden werden, damit wir unsere Flügel ausbreiten können. Steigen wir also in den Ring des Lebens, Freunde der Sonne! Leben heisst manchmal auch Honig von einem Dornenzweig lecken.

Ich ging meist träumend durch meine Tage und versuchte, mir meine Leichtigkeit und den Frohsinn, so gut es ging, zu bewahren. Dieses spielerische Dasein, das unschuldige Zutrauen und diese Unbeschwertheit können einem in unseren eher kühlen, oft humorlosen Breitengraden gut abhandenkommen oder von einer grimmigen Realität abgelöst werden. Die Welt flirtet nicht jeden Tag mit uns. Sie kann auch abweisend sein und eine harmonische Verschmelzung mit ihr boykottieren. Selbstvertrauen und wahre Lebensfreude sind eine Kunst, die man Schritt für Schritt erlernen muss. Ein Teil dessen, was das Leben ausmacht, heisst auch, Risiken einzugehen.

In meinen jungen Jahren brauchte ich, kurz vor der Matura stehend, tonnenweise Mut, die Schule hinzuschmeissen und gegen alle Widerstände nur für die Musik zu leben. Wir von der Band wollten unserem Leben einen grösseren, freudigeren Sinn geben, als der Idee hinterherzurennen, eines schönen Tages einfach nur gutes Geld zu verdienen. Unsere Flausen wurden als Irrsinn und Idiotie abgetan. Erst recht, weil wir absolut keinen Plan B hatten. Panikmacher und Negativisten waren überall, und die galt es auszuhalten. Nicht einfach! Aber da gab es diese innere Beherztheit, die durch unser gegenseitiges Anfeuern und weil wir einander Mut machten, die kleine Flamme der Unvernunft am Köcheln hielt. Plus natürlich das Geschenk der endlosen Liebe zur Musik und hie und da etwas Zuwendung von unseren lieben Frauen.

Dass es später wirklich gelang, aus unserem anfänglich doch eher überschaubaren Talent eine Musikerkarriere hinzulegen, hing von vielen Faktoren ab. »Meh Glück« war ganz sicher auch dabei, aber am Anfang war es der Mut, das überhaupt zu wagen und durchzuziehen. Den Mutigen, nicht den Zögerern gehört die Welt. Und wenn du etwas wirklich vollumfänglich willst, wird das Universum dazu beitragen, dass du es auch erreichst. An das glaubte ich schon immer. Aus Wunsch entsteht Wille und aus Wille Kraft und Mut, deinen Traum umzusetzen.

Die Mutter meiner Tochter sagte mir einmal: »Du bist der unerschrockenste Mensch, der mir je begegnet ist.« Ein schönes Kompliment, an das ich ab und zu denke, wenn sich die unselige Mutlosigkeit einschleichen will. Zum Beispiel dann, wenn es etwas zu beenden gibt. Ich staune selbst immer wieder, wie viel Mut es braucht, einen Punkt zu setzen. Kein Wunder, denn aufzuhören, wenn es noch schön ist, bleibt eine grosse Herausforderung. Es gibt wenig Gewissheiten, und das Leben ist nun mal von Natur aus unsicher, Garantien gibts keine. Die Bereitschaft, genau das anzunehmen, in der immer wiederkehrenden Ungewissheit optimistisch zu leben, ohne sich lähmen zu lassen, *das* braucht Mut.

Kann man echt lieben ohne Mut? Können wir tief vertrauen ohne Mut? Wagen wir, aufrichtig zu sein, ohne Mut? Ich zweifle daran! Um die Wirklichkeit in unserem Leben zu erkennen, ist Mut die Voraussetzung, und um ihn aufbringen zu können, braucht es vor allem eines – Bewusstheit. Und die erlangt man nur durch genaues Hinschauen und Reflektieren, auch bei sich selbst. Nicht gerade einfach, wenn man von Menschen umgeben ist, die lieber der Herde folgen, immer wieder dem Konformitätsdruck erliegen und jede Andersartigkeit, sei es auch nur in Gedanken und Worten, verurteilen. Ich habe schon früh realisiert: Wer den anderen zu sehr gefallen will, gefällt sich bald selbst nicht mehr.

Mut nährt Hoffnung, lässt wachsen und das Leben gedeihen. Am Ende belasten uns weniger die Fehler, die wir begingen, sondern das ungelebte Leben. Das französische Wort »courage« für Mut kommt übrigens von »cœur«, lateinisch »cor«, was Herz bedeutet. Das Herz als Sitz der Gemüts- und Seelenkräfte. Ja, vertrauen wir auf unser Herz. Es ist immer bereit zu riskieren und meist ein besserer Kompass als unser Kopf.

Money, Money

*Man muss das Geld zum Fenster rauswerfen,
damit es zur Tür wieder reinkommt.*
KARL LAGERFELD

Es tönt wenig schön, aber leider stimmts: Geld regiert die Welt. Wenn wir den Fluss des Geldes, also wer wie viel von wem bezieht, wer in wessen Sold steht, genau betrachten, ist es klar: »Wes Brot ich ess, des Lied ich sing.« Egal, ob in Krisen- oder Normalzeiten, man muss nur dem Geldfluss folgen, um gewisse Dinge besser zu verstehen.

Als Kinder sind wir noch geldfrei. Was kümmert eine frei spielende, junge Seele der schnöde Mammon, es gibt ja vorerst alles »for free«. Zum ersten Mal kam ich im Alter von fünf damit in Berührung. Unsere Grossmutter schenkte jedem Enkelkind zu Weihnachten eine Tafel Schokolade, auf die sie funkelnde Frankenstücke geklebt hatte. Die runden Münzen, extra für uns poliert, glänzten so silbrig, dass ich völlig fasziniert war. Die Eltern erklärten, dass wir uns, wenn wir sie fleissig sparten, früher oder später etwas damit kaufen könnten. Und so landeten sie in der Sparsau.

Es gibt dieses legendäre Albumcover der Band Nirvana, »Nevermind«, auf dem ein nackter Säugling unter Wasser einer Dollarnote nachschwimmt, die an einem Angelhaken hängt. Immer wenn ich dieses Bild betrachte, muss ich lachen. Es zeigt in überspitzter, brillanter Form den Lockruf des Geldes. Dieser beginnt mittlerweile immer früher in unserem von Profit getriebenen Geiz-ist-geil-System. Alle wollen ran an den Kies, am liebsten, ohne viel dafür tun zu müssen. Doch das funktioniert bei den wenigsten.

Wenn wir uns fragen, wie wir am besten zu Geld kommen und wie wir damit umgehen sollen, ist das natürlich sehr individuell und situationsbedingt. Für mich war Geld eigentlich immer eine nicht so wichtige Sache. Es vermochte meinen Hunger nach Leben nicht zu stillen. In den eher mühsamen Jugendjahren fütterten mich phasenweise meine Freundinnen durch. Als Gegenleistung war ich Hausmann, Stimmungsheber und Bettflasche. Auch meine liebe Mutter selig steckte dem verlorenen Sohn hie und da ein Nötli zu. So stolperte ich über die Runden. Mein Ziel war schon sehr früh, vom Musikmachen leben zu können. Ich würde das auch heute wieder so angehen, weil mich nicht das Geld, sondern die Ausübung eines schönen Berufs, der Berufung ist, happy macht.

Irgendwann kamen dann auch der Erfolg und somit das Geld zu mir. Das löste einige Alltagsprobleme und machte das Leben etwas einfacher. Jene, die nicht ums nackte Überleben kämpfen müssen, haben vielleicht die Möglichkeit, Geld durch clevere Anlagen für sich arbeiten zu lassen. Damit man in nachhaltige Unternehmen investieren kann, braucht es aber nebst der guten Nase Flüssiges, das man mittelfristig nicht benötigt. Ich tat das eine Zeit lang nebenbei. Geschadet hat es mir nicht. Dazu sagte mir irgendein Buch: Fühl dich wie ein Geldmagnet, frei nach dem Gesetz von Ursache und Wirkung. Keine dumme Vorstellung. Bei mir hat das funktioniert.

Ich bin der festen Überzeugung, dass das Geld nur wirklich zu dir kommt, wenn du es vorher auch ausgibst oder bereit bist zu investieren. So dachte und lebte ich übrigens auch, als ich noch wenig Geld besass. »Give some to get some« war und ist mein Slogan. Wenn du dir im Leben wirklich schaden willst, dann sei geizig. Geiz wird dir kein gutes Leben geben, wird dich nie reich machen; Geld anständig ausgeben hingegen schon. Egal, auf welchem Level. Du brauchst dafür nicht unbedingt viel Geld oder musst nicht, wie es heute Mode ist, sinnlos viele Schulden machen. Du kannst das auch im Kleinen kultivieren, wenn du den Wocheneinkauf machst oder dir mal einen leckeren Fruchtsalat plus deinen Lieblingskaffee gönnst.

Viele Menschen haben immer das Gefühl, sie hätten ein Loch im Konto und das Geld rinne ihnen nur so durch die Finger. Dabei bekommt man ja beim Ausgeben im Gegenzug etwas zurück: Kleider, Nahrungsmittel, einen guten Service oder ein Konzertticket. Ich würde jederzeit, und tat das auch immer wieder, meinen letzten Hunderter für eine tolle Mahlzeit zu zweit ausgeben, anstatt ihn auf die hohe Kante zu legen. Geld ausgeben und dafür etwas Tolles bekommen muss genossen werden, auch wenn es dabei nur um ein Schoggistängeli am Kiosk geht. Geld ist in der Schweiz eher ein Tabuthema. Warum tun wir uns so schwer, darüber zu reden? Ich habe die Erfahrung gemacht, dass nicht darüber gesprochen wird, weil Geld haben, interessanterweise genauso wie Geldmangel, mit Scham- und Minderwertigkeitsgefühlen verbunden ist.

Irgendwann wurde mir auch klar: Wenn du Geld verlierst, verlierst du wenig bis nichts, wenn du die Gesundheit verlierst, einiges – aber wenn du deinen Charakter verlierst, verlierst du alles. Wir tun gut daran, nicht zu vergessen, dass vieles, was uns beseelt und von dem ich hier in diesem Buch so schwärme, zu unserem grossen Glück gratis ist. Geld mag die Welt regieren, aber nicht unseren Glückspegel bestimmen. Darum verschenke ich gerne um die Weihnachtszeit dieses runde goldene

Schoggi-Geld, das vor allem die Kinder glücklich macht. Zudem gibt es Momente im Jahr, da blicke ich auf ein Bündel Zwanzigerscheine in meiner Geldbörse und finde, das ist genug. Ich mag Bargeld, da es mir ein besseres Gefühl für die Menge gibt als Kreditkarten. Und hie und da beschliesse ich dann, einen Teil davon frei nach Bauchgefühl zu verteilen. Man könnte es Frevelei nennen, ich sehe und erlebe es aber anders. Die Empfänger dieses Geldes, meist Menschen in Not, haben grosse Freude und ich eine grosse Dankbarkeit, weil ich ihre Freude spüre und weiss, dass ich, mit etwas weniger Glück, genau an ihrer Stelle stehen könnte und froh wäre, würde sich jemand mir gegenüber grosszügig zeigen.

Im Spiel hatte ich oft weniger Glück als in der Liebe. Aber natürlich freue ich mich für jeden Lottogewinner, über dem das Füllhorn mit vielen Moneten ausgegossen wird. Ich hoffe, er lässt es zirkulieren und hängt hie und da das Schild »Wegen Reichtum geschlossen« an seine Haustür.

Weniger ist mehr

Wo Herz und Seele sich die Hand geben, da ist Kreta.
KRETISCHES SPRICHWORT

Ich habe es wieder einmal geschafft. Nach einer siebenstündigen Reise nehme ich die letzte Kurve über den letzten Hügel von Südkreta und stosse ein freudiges »Jamas« aus. Da ist sie: meine heiss geliebte Bucht in der Wiege Europas, umsäumt von wilden Felsen, rotbrauner Erde und ein paar weissen Häusern. Nur wenige wissen von diesem Ort, und die, die hierherkommen, sind Menschen, die das Einfache mögen, Individualisten, schräge Vögel, Freigeister und Yogis. Der vom Alltag geplagte Standardtourist bevorzugt eher die rausgeputzten Hotelkäfige, die in den Katalogen günstig als Familien-»All you can eat and drink and erleb«-Wohlfühlresorts angepriesen werden. Ich stelle mir vor: Wer sich das antut, braucht danach Ferien von den Ferien, weil er gar kein echtes Gefühl der Erholung oder gar des Zusichfindens erlebt hat. Schade.

Nicht so an meinem Kraftort im Süden der Insel. Da wird gar nichts angepriesen oder beworben. Man bewegt sich locker auf der Zwei-Stern-Ebene, und die Menschen finden nur durch Mund-zu-Mund-Propaganda hierher. Wenn du dich auf die Einfachheit und Kargheit dieser Umgebung einlässt, fehlt dir bald gar nichts mehr. Der Trick heisst: »Back to the roots« – zurück zu den Wurzeln. Wir konsumverwöhnten, digitalen Dauerzapper und Hochstromakrobaten können hier erfahren, was es heisst, mit weniger zufrieden zu sein. Reduktion, Reduktion, Reduktion. Alles, was es braucht, ist ein offenes Herz, offene Augen, etwas Flexibilität und ein paar Euro. Nach einer kurzen Zeit der Angewöhnung – das Wasser muss abgekocht werden, Toilettenpapier darf nicht ins WC geworfen werden, schütterer Internetempfang, relativ salzloses Brot und gelegentlicher Stromausfall – zieht es dich rein. Du wirst zu einem Stück Kreta. Jeden Tag etwas mehr. Die gastfreundlichen, offenen Griechen machen es uns auch leicht. Sogar als nicht Kretisch sprechender Rockdruide geniesse ich das »Ené-méné-mono-yogurdi-baragalo« und die wild fuchtelnden Gestiken zu »Entax-dio-mio-gut?«. Am Schluss verstehen wir uns immer, auch wenn mal Fisch anstelle von Lamm auf den Tisch kommt.

Warum kehre ich immer wieder an diesen Ort zurück, der auch im Winter seinen eigenen Charme hat? Was mich am meisten beeindruckt, formulierte der grosse griechische Dichter NIKOS KAZANTZAKIS so: *Kretas Geheimnis ist tief; wer seinen Fuss auf die Insel setzt, spürt eine seltsame Kraft in die Adern dringen und die Seele weiten.* Und genau so ist es. Wir sprechen hier von einer besonderen Lebensqualität. Wenn dir die ganz in Schwarz gehüllte Frau auf ihrem Maultier zuwinkt, spürst du, dass sie dir sagen will: »Nein, Fremder, ich kenne dich zwar nicht, aber ist das ein Grund, dass zwei Menschen achtlos aneinander vorbeigehen?« Und wenn ich meinen griechischen Freund Dimitros, dessen Haus ich seit Jahren miete, frage, warum das Wasser immer noch mit langen Schläuchen den Strassen entlang über die Berge in die Dörfer transportiert wird und nicht längst unterirdisch, sagt er nur: »Good water, Christos, good water. Drink!« Gute Säfte, Kaffee und Stimmung gibts auch beim lebensfreudigen Manolis in seiner kleinen Strandbar. Man kann einen Tag kaum besser beginnen und spürt den Zauber einer gewissen Ichlosigkeit.

Auch meine Tochter und meine Liebste tauchen immer wieder voll in den einfachen, puren Reichtum dieser Umgebung ein. Dadurch, dass scheinbar gar nix passiert, werden die kleinen Dinge plötzlich gross: wie die schönen, vielfarbigen Steine, die verschiedenen Blautöne des Mittelmeers, das Treibgut am Strand, die feine Form der Eukalyptusblätter, die berauschenden Rot-Pink-Töne der Bougainvilleas, die mageren, flinken, zerzausten Schafe, das Seemannsgarn oder der Absturz eines Bartgeiers ins Wasser, alles ist hier eine Sensation. Und Kinder sind hier in ihrem Element. Sie wollen ein Steinmannli oder eine Sandgitarre bauen, woran sie dann möglicherweise scheitern und Kurs auf etwas Realistischeres nehmen. Das finde ich bei den Kids immer so toll. Erst wollen sie Nemos Aquarium aus Tannzapfen bauen, dann: »Aha, geit nid ... auso, de machemer haut e Schiffshafe u versänke Schiffli. Hilfst du?« Hier braucht es keine zusätzliche Unterhaltung, kein TV, keine kurzlebigen Wegwerfnews, kein Disneyland. Man wird automatisch ruhig, seelenfroh, und die zugeschütteten Lebensgeister erwachen. Langeweile und Abstumpfung gibts ja eh nur, wenns zu viel von allem, permanente Unruhe und nichts wirklich Nahrhaftes gibt.

Hier wollte ich einmal das kleine Büchlein »Novecento – Die Legende vom Ozeanpianisten« des italienischen Schriftstellers ALESSANDRO BARICCO lesen, das mir Kuno Lauener geschenkt hat. Aber trotz dem grossartigen ersten Satz: *Es passierte immer wieder, dass auf einmal einer den Kopf hob ... und es sah*, las ich nicht weiter, denn – ich hob meinen Kopf und sah es: das Unermessliche, das Grenzenlose. Das, was sich mir hier und jetzt anpries. Ich durfte diese einmaligen Tage, diese perfekte, einfache Schönheit mit meinen Liebsten teilen. Als dann die sechzehn Steine, die wir für sechzehn Inseltage auf den Tisch gelegt hatten, langsam wieder verschwanden, stellte ich fest: Näher war ich selten an der Wahrheit dran. Daran konnten auch die paar Stürme oder mittleren Erdbeben nichts ändern. Kreta hatte uns verzaubert. Wenn du mit den richtigen Menschen am richtigen Ort, mit dem Meer, den wilden Katzen, der Sonne, den Sternen, dem Wind, kurz, mit der Natur vereint bist, bist du angekommen – dort, wo du herkommst und irgendwann einmal wieder zurückkehrst: bei Mutter Erde. Ich gönne dies jedem gehetzten, erschöpften Menschen. »Kalispera«, Freunde, das Schönste im Leben ist einfach und muss nicht viel kosten. *Wer am wenigsten bedarf, ist den Göttern am nächsten*, meinte SOKRATES. Wer will ihm da widersprechen?

Zauber der Blumen

*Drei Dinge sind uns aus dem Paradies geblieben:
die Sterne der Nacht, die Blumen des Tages
und die Augen der Kinder.*
DANTE ALIGHIERI

Wen ich beneide? Die Japaner! Sie feiern das Kirschblütenfest, und ja, ich hätte auch gern so ein Fest. Denn ich möchte auf keinen Fall riskieren, dass sich die hiesigen Blüten vernachlässigt fühlen, und schon gar nicht, dass bei ihnen der Eindruck entstehen könnte, sie seien weniger wert als diejenigen anderer Länder. Es muss nicht unbedingt die Blüte der Kirsche sein, die zu Ehren kommen soll. Lassen wir die den Japanern – ebenso wie die Tulpen den Holländern und den Lavendel den Portugiesen. Ja, richtig gelesen, obwohl die Provence für ihre Lavendelfelder bekannt ist, ist dieses wohlduftende Kraut die Nationalblume Portugals. Für die Schweiz, finde ich, wäre ein Fliederfest schön, oder wenigstens ein Löwenzahnfest. Die Krokusse werden ja schon in einem anderen Zusammenhang gewürdigt.

Wobei, wenn ich meine Gedanken grad so schweifen lasse: Das Gänseblümchen zu ehren, würde mir sehr gefallen. Im Deutschen wird dieses Blümchen übrigens auch Massliebchen oder Tausendschön genannt. Absolut zu Recht, wie ich finde. Wir Schweizer sagen oft Margritli. Also: Ein Gänseblümchen-Massliebchen-Tausendschön-Margritli-Fest, das wäre doch etwas.

Ein kleines bisschen Nostalgie ist bei meinem Wunsch – ich gebe es gerne zu – schon dabei. Dies wegen der Erinnerung an die allerliebsten Kränzchen, die mir mein erster Schatz in Kindertagen daraus geflochten und aufs damals noch lockige Haar gesetzt hat, hauptsächlich aber wegen der Sache mit dem Mantra, über das wir in unserer Adoleszenz so oft sprachen. Für Frischverliebte, blutende, junge Frühlingsherzen war und ist es hoffentlich noch immer ein sinnlicher Akt: Die heimlich Verliebten setzen sich unter dem Druck ihres kaum mehr auszuhaltenden, überschäumenden Begehrens im Schneidersitz mitten auf eine Wiese und pflücken ein Margritli. Dann zupft er oder sie behutsam und gemächlich ein Blütenblättchen nach dem anderen aus der goldgelben Blütenmitte heraus und murmelt dazu: »Sie liebt mich, sie liebt mich nicht...« – oder eben: »Er liebt mich, er liebt mich nicht...« Dabei wird innerlich gebetet, dass Amor präsent sei und dabei helfen möge, dass das letzte Blütenblatt den positiven Bescheid bringe. In den meisten Fällen ist das Resultat erfreulich – so nach dem dritten, fünften, achten oder zwanzigsten Versuch. Was den verunsicherten Romeo oder die scheue Julia dann derart ermutigt, dass die Angst vor einer eventuellen Ablehnung überwunden und die im Geiste längst ausformulierte Liebeserklärung ausgesprochen werden kann. Wie diese bei der Angebeteten oder beim Angebeteten dann ankommt, das steht wieder auf einem anderen (Blüten)Blatt geschrieben. Im Erfolgsfall wird – so viel ist klar – die grausame Unterdrückung des inneren Feuers erlöst. Und an das Gegenteil will ich mich jetzt gar nicht erinnern.

Wenn man bedenkt, auf wie viele liebestrunkene Stunden die Jugend ohne die Ermutigungen dieses kleinen, einfachen Pflänzchens verzichten müsste, dann kommt man zum Schluss, dass ein Margritli-Fest definitiv seine Berechtigung hätte. Seit ewigen

Zeiten besteht eine mystische Vorstellung eines Paradieses, eines unerreichbaren, entrückten Gartens Eden. Eines Gartens, der alle Bedürfnisse deckt und den Menschen mit allem versorgt, was ihn glücklich und zufrieden macht. In fast allen Religionen kommen solche Gärten vor und machen eines klar: Ohne Blumen kein Paradies!

BUDDHA sagte einst: *Wenn wir das Wunder einer einzigen Blume klar sehen könnten, würde sich unser ganzes Leben ändern.* Wie wahr! Die Unschuld der Natur, das Schwingen von Farben, auch inmitten eines schweren, problematischen Lebens, kann zu jeder Stunde wieder Glauben und Freiheit in uns schaffen. Eine Pflanze, die ich endlos abfeiere, ist die Bougainvillea, auch Drillingsblume genannt. Sie gehört zur Familie der Wunderblumengewächse, und ein Wunder ist sie wirklich. Sie gedeiht vor allem in warmen, subtropischen Zonen prächtig. Ihre Rot- und Rosatöne sind pure Magie. Ich bewundere sie immer wieder auf Kreta, wo sie mir vielerorts begegnet und etwas kargere Gegenden grandios aufpeppt.

Meine geliebte Mutter selig hatte ein grosses Feeling für unvergleichliche Blumenarrangements. Etwas, das sie meinem Tochterkind weitervererbt hat. Jede Veränderung im Garten, und war sie noch so klein, feierte die Kleine, und ihre selbst komponierten Blumensträusse, die sie mir jeweils überreichte, waren immer ein Highlight. Auch weil ich in diesen bunten Wunderwerken jedes Mal das Erbe ihrer Grossmutter sah. Und noch heute verbinde ich gewisse Blumen und deren Strahlkraft mit der Frau, die mir das Leben geschenkt hat.

Menschen sind eben auch Blumen. Manche wurzeln tief und andere breit, wieder andere haben nur schwache, kleine Wurzeln. Manche fühlen sich wohl, wenn sie sich unserer Aufmerksamkeit entziehen und in der Menge untergehen können. Andere setzen sich derart gekonnt in Szene, dass man kaum vorbeigehen kann, ohne sich nach ihnen umzusehen. Gewisse Frauen oder Männer, sie sind Raritäten, wissen ihre Schönheit in weiser Vorsicht vor dem oberflächlichen Betrachter zu verbergen und lassen sich nur mit Musse entdecken. Den schamlosesten Territorialkämpfen zum Trotz findet sich für fast jeden und jede von uns – ob Kaktus oder Rose – ein Plätzchen in der endlosen Weite unseres Planeten.

Ja, Blumen sind die Liebesgedanken der Natur. Und alle diese Wundergewächse gedeihen nur aus einem Grund: Ein Samenkörnchen, unscheinbar klein, kann Ursprung einer grossen Geschichte sein!

Die Kraft der Farben

Ich denke an nichts, wenn ich male, ich sehe Farben.
PAUL CÉZANNE

Hie und da überkommt es mich, und ich beginne zu malen. Dabei geht es mir eigentlich nur darum, Farben aufzutragen. Das tue ich mit Acryl- und ab und zu auch mit Wasserfarben. Ich vermische sie miteinander, bis ein Bild entsteht, das im Farbenmix nur einmal möglich ist und mich anspricht. Gefällt es mir nicht, wird es so lange mit neu vermengten Farben übermalt, bis ich zufrieden bin. Der Prozess des Malens ist für mich so wie Musik machen. Kopf ausschalten, hinspüren und vom Feeling leiten lassen. Ich würde meinen Malstil als romantischen Expressionismus bezeichnen. Es geht um Stimmungen. Gegenstände spielen nur am Rande eine Rolle, und wenn, dann ist es meist die Banane, die ich aufs Papier bringe. Genau wie mein Vater male ich vor allem für mich und meine eigenen Wände. Zwischendurch mache ich eine Ausnahme und pinsle für Freunde oder Sammler. Meine Partnerin mag die meisten meiner Bilder sehr und sieht es ungern, wenn sie das Haus verlassen.

Meine Tochter fragte mich vor Jahren einmal: »Papa, was wärst du lieber – blind oder taub?« Meine Antwort als Musiker kam reflexartig: »Lieber blind, wenns denn sein müsste.« Kurz darauf überbrachte sie mir einen in unserem Garten frisch gepflückten kleinen Blumenstrauss: eine Rhododendronblüte, kombiniert mit einem Fuchsienzweig. Und als diese Kombination in einem antiken Glas auf dem Tisch stand, fiel es mir wie Schuppen von den Augen. Wie unendlich arm wäre mein Leben, könnte ich diese wunderbaren Farben nicht auf mich wirken lassen. Ich habe noch nie eine wirklich hässliche Farbe gesehen, die von der Natur geschaffen wurde – ganz im Gegensatz zu den von Menschen hervorgebrachten. Seien wir ehrlich, wir bringen am laufenden Band schreckliche Farben hervor. Für einige von uns gibt es Gelb, Rot, Grün, Blau, Schwarz und Weiss – und damit basta. Differenzierteres ist ihnen egal. Und so siehts dann auch aus, wenn wir durch unsere Dörfer und Städte ziehen. Ein unstimmiges Durcheinander von Farben, die nicht zusammenpassen – das exakte Gegenteil der Natur. Und das kann nur daher kommen, scheint es mir wenigstens, dass manchereins immun ist gegen die Kraft der Farben.

Wie staunte ich vor kurzem bei einem Freund, der sein wunderschönes Haus renovierte. Trotz meinem Herzbluteinsatz konnte ich ihn nicht davon überzeugen, dass das Weiss, das er und seine Liebste an die Hausfassade malen liessen, zu kalt und steril aussah. Zu ihrer Entlastung muss ich jedoch erwähnen, dass die beiden Ärzte sind. Farbdetails interessieren weder sie noch ihn gross. Dazu kommt, dass die Malerbetriebe oft wenig kreative, warme Vorschläge bereithalten. Sie führen einfach nach Schema F aus. Riskiert oder getüftelt wird – wohl auch, um keine Kunden zu verlieren – nix. Es ist fast noch schlimmer als in der Popmusik und am Radio, wo auch – je länger, je mehr – nur noch ein Einheitsbrei zu hören ist.

Aber Achtung, Radio und I-Pod kann man jederzeit ausschalten – die Hausfarbe einfach wegklicken oder ändern, das allerdings geht nicht so schnell, die bleibt oft über Jahrzehnte kleben und hat ihren Einfluss auf unser Wohl- oder eben Unwohlempfinden. Kürzlich sprach ich mit einem Flachmaler über dieses

Thema. Er sagte, die meisten seiner Kunden würden einfach Direktiven durchgeben. Was oft gefordert werde, seien Gelb, Grau oder Weiss. Das ist ja dann so, als wären sie beim Coiffeur: Waschen. Schneiden. Legen. Zahlreiche Menschen scheinen mit diesem »so wie die meisten« gleichermassen glücklich oder unglücklich zu sein. Ich weiss nicht, ob ich sie bewundern oder bemitleiden soll. Für mich sind Farben etwas sehr Wichtiges, sie bestimmen mein Wohlgefühl im Leben. Und das nicht nur auf der Bühne.

Zweifelsohne sind Farben eine Sache von Sinn und Sinnlichkeit. Ich behaupte von mir, ein farb- und feinsinniger Mensch zu sein. Unbedarfterweise und aus nacktem Gwunder habe ich schon dann und wann ein Parfum an mir ausprobiert, das ich dann – Strafe muss sein – den ganzen Tag nicht mehr loswurde. Was dann einen sehr ungünstigen Einfluss auf mein Gemüt hatte. Mit Farbeinflüssen verhält es sich ähnlich. Sind es die falschen, sind sie zu aufdringlich, zu hart, zu giftig, zu laut oder zu nüchtern, macht das etwas mit mir. Ich fühle mich dann für gewisse Aktivitäten nicht entspannt, gelassen oder konzentriert genug.

Ich vergesse auch nie die Worte meines viel zu früh verstorbenen Freundes Hanery Amman, des Chopins vom Berner Oberland. Er brachte mir mal in einem unserer gefreuten Talks näher, dass er in Weiss viel besser und friedlicher schlafe als etwa in Rot oder gar Schwarz. Und – er hatte recht! Also weg mit bunter Bettwäsche. Weiss ist das Credo der Stunde! Es stimmt wirklich.

Die schönsten Farben finden sich im Regenbogen, und das Licht, das er uns schenkt, ist unbeschreiblich. Leider – oder zum Glück – zeigt er sich nicht auf Kommando. Genauso wenig wie das oft so spektakuläre Abendrot. Beide kommen nur, wann und wie sie wollen. Obwohl ich manchmal gern wenigstens eins von beidem hätte, wenn ich gerade launig auf der Terrasse sitze. Ich will aber nicht klagen, sondern mich für das gelegentliche Erscheinen dieser Naturwunder und den Genuss, den mir ihr Anblick bietet, einfach nur bedanken. So, und jetzt schnappe ich mir wieder meine Pinsel und lege los. Ja, die Farben. Sie geben mir mit ihrer Wirkung unendlich viel und sind der direkte Weg zum Herzen.

Hautnah

Viel zu oft unterschätzen wir die Kraft der Berührung.
FELICE LEONARDO BUSCAGLIA

Im November beginnt das Sterben jeden Jahres. Die Bäume verlieren definitiv all ihre Blätter, der Nebel macht sich breit, und der Frost pickt ans Fensterbrett. Zeitgleich beginnt die Hochsaison der Romantiker, Melancholiker und Sentimentalisten, wie ich einer bin. Es beginnt die Zeit für die Reise nach innen und zum Hin- und Wegträumen. Die Zeit für Wärme, Nähe und Berührung. Etwas, das in unserer überstressten Zeit immer weniger gelebt wird. Und ich spreche hier – wohlverstanden! – nicht von Sex.

Das Körperelend beginnt leider oft viel zu früh, nämlich schon bei unserer Ankunft im grossen Theater, das wir Leben nennen. Dabei wäre das Gegenteil so einfach: Wer die göttliche Mutterbrust und reichlich zärtliche Zuneigung spürt, geht nicht nur immunsystemtechnisch gestärkt ins Rennen, sondern bekommt auch ein natürliches Feeling von körperlicher Nähe, Vertrauen, Wärme und Geborgenheit. Ich halte diese Faktoren für komplett unterschätzt in der Liebes- und Bindungsfähigkeit eines jeden Menschen. Es ist eine grosse Ungerechtigkeit im Leben, dass gewisse Eltern, häufig durch eigene Leidenserfahrungen, unfähig sind, ihrem Kind natürliche körperliche Zuneigung und Nestwärme zu geben. Es gibt nichts Schlimmeres für ein junges Wesen, als nicht berührt zu werden, noch schlimmer, als nicht beachtet zu werden. Es fühlt sich dann nirgends zugehörig, kann keine Wurzeln schlagen, erkaltet.

Nahrung allein reicht nicht, wie ein erschreckendes Beispiel aus dem Zweiten Weltkrieg zeigt. Da lagen auf Krankenstationen hunderte elternlose Babys. Sie wurden bestens versorgt mit Essen, Trinken und Hygiene. Aber sie bekamen keine körperliche Zuwendung. Die Hälfte starb innert kürzester Zeit. Später stellte man fest, dass ihnen Nähe und Berührung gefehlt hatten. Der zuständige Psychologe machte es daraufhin zur Regel, dass alle, die mit den Kindern zu tun hatten – sei es ein Arzt, ein Helfer oder eine Pflegefachfrau –, sie wenigstens zehn Minuten im Arm hielten, sie knuddelten oder mit ihnen spielten. Von da an starben die Kleinen nicht mehr, sondern gediehen. Viele solcher Experimente wurden seither durchgeführt. Die Resultate sind eindeutig.

Leider haben die Erkenntnisse nicht zu einer grossen Veränderung geführt. Auch heute noch müssen unzählige Kinder lieblos und ohne grosse Zuneigung und Beachtung aufwachsen. Die Schäden, die dabei entstehen, sind immens. Viele von ihnen kennen dann im Erwachsenenalter wenig Selbstliebe oder wissen nicht mit Nähe und Distanz umzugehen. Andere fallen in einen Strudel von Wut oder Selbstzerfleischung. Da können später auch oft Seelenklempner, Kuschelseminare und Familienaufstell-Druiden nicht mehr viel daran ändern. Die Distanz zum eigenen, aber auch zu anderen Körpern bleibt unüberwindbar.

Ich bin ein Mensch, der andere gerne berührt, und dabei finde ich es immer spannend zu erleben, welche Menschen, egal ob Mann oder Frau, ich ganz natürlich umarmen kann und welche nicht. Schon der Händedruck eines Menschen sagt einiges über ihn aus. Zum Beispiel der »Pudding-Handshake«. Man ergreift eine Hand, die lascher ist als eine Qualle im Auf und Ab des

Meeres! Wie muss sich dieser Mensch fühlen, wie in der Welt stehen? Was hat er durchgemacht? Was wagt er? Was lässt er sich gefallen? Es gibt auch den überharten, besitzergreifenden Händedrücker, Grobspäne, die ihre Finger-PS nicht im Griff haben. Sie glauben, sie müssen ihrem Gegenüber jeden Finger einzeln zermalmen. Schlimm auch jene, die dir zwar freundlich ihre Hand reichen, dich dann aber spüren lassen, dass die Geste nicht aus Freundlichkeit, sondern aus Pflichtbewusstsein geschah. Dabei ist es doch etwas Grosses und Schönes, einander die Hand zu geben! Sei gegrüsst! Yes! Yo! Einverstanden! Ehrenwort! Abgemacht! Tschüss! Zudem – nie vergessen – kann eine ausgestreckte Hand Leben retten.

ROBBIE WILLIAMS hat es in einer Textzeile seines Songs »Feel« auf den Punkt gebracht: *Come on, hold my hand – I wanna contact the living.* Worte, die schwer zu übersetzen sind, weil sie in ihrer Urversion reine Prosa sind. Für mich sagen sie: Jeder Eiszapfen kann aufgetaut werden. Einfach runterfahren, meditieren, zu sich kommen, ein Glas Rotwein oder eine Tasse Tee trinken, zusammenrücken, sich aufeinander und auf den Moment einlassen, kuscheln, und das nicht, weil wir Strom sparen müssen, sondern weil es uns guttut.

Vertrauen ins Leben

Lausche der Weisheit, die dein Blut dir rauscht.
HERMANN HESSE

Ich gebe es zu, ich war ein paarmal nahe dran, mein Vertrauen ins Leben und in die Menschen zu verlieren. Es begann schon in der Schule. Da kam ich weder mit den Lehrmethoden noch mit den Lehrern und schon gar nicht mit dem Stoff klar. Später im Internat, weg von zu Hause, in einer unerfreulichen, mir fremden, kalten Welt, wurde das Ganze noch potenziert. Das waren graue, verlorene Jahre, in denen ich junger, neugieriger Mensch ohne weiteres zum gleichstromstrampelnden Herdentier im »Räbeliechtli-Umzug« hätte werden können. Doch die Zähmung misslang. Zum Glück! Meine Befreiung erfolgte à la brut: Ich brach aus, ging meinen eigenen Weg und wurde zum Rock-Hippie. Aber auch das war zuweilen kein sorgenfreies Leben; nebst einigen misslungenen Beziehungen musste ich den Rausschmiss aus meiner eigenen Band verschmerzen, die ich über lange Jahre hinweg mit viel Herzblut und Aufwand aufgebaut hatte. Dazu kam ein krasser Händel mit einem mir nahestehenden Mitstreiter und Freund. Alles sehr bitter, aber um es mit FRIEDRICH HÖLDERLIN zu sagen: *Wo aber Gefahr ist, wächst das Rettende auch.*

Damals war ich noch zu jung und zu unreif, um zu checken, was mir all diese Vorfälle sagen wollten und welche Chancen sie mir anerboten. Später aber erkannte ich: Das Durchlebte zeigte mir auf, wo ich genauer hinschauen musste, und wies mir den künftigen Weg. Diese tiefen Täler waren nötig und wertvoll. Und es kam der Tag, an dem ich über mein einstiges Leiden nur noch dankbar lachen konnte, weil ich erkannt hatte, wie wichtig es für meine Entwicklung war. Durch die Rückschläge erlangte ich ein neues Bewusstsein und schliesslich eine neue Ebene – inklusive grossartiger Möglichkeiten, die sich mir ergaben.

Um nur zwei zu nennen: Ohne die im Nachhinein als notwendig erkannte Zwangspause von Krokus in den Achtzigerjahren hätte ich – erstens – weder meinen ersten Buchbestseller »Hunde, wollt ihr ewig rocken?« geschrieben noch wäre – zweitens – die grossartige elfjährige Zusammenarbeit mit Gotthard möglich geworden. Das Leben zeigte mir auf mirakulöse Art und Weise, dass es immer irgendwie weitergeht und sogar oft besser wird, als es vorher war. Viel besser! Zumindest, wenn man immer schön dranbleibt. Meine Zuversicht und mein Vertrauen ins Leben begannen durch diese Erkenntnis immer mehr zu wachsen und liessen mich da landen, wo ich heute stehe. Wir sollten also Misserfolge und Fehlschläge neu zu bewerten versuchen, denn sie sind weniger gefährlich als Anerkennung, in der man sich immer wieder verlieren kann. Eigentlich gibts ja im Leben keine Probleme, sondern nur schwierige Gegebenheiten. Entweder man macht diese zu Problemen, oder man sieht in ihnen Möglichkeiten.

Leider gelingt das nicht allen so erfreulich. Warum werden so viele vom Leben verkrüppelt und platt gewalzt? Es wäre doch wünschenswert, wenn der Mensch im Laufe seines Daseins in höhere Dimensionen hineinwächst, in jenes Leben, das Jesus »das ewige Leben« nennt. Das Alter ist dann nicht der letzte Sargnagel, sondern ein sanftes Hinübergleiten in eine neue Dimension. Natürlich erlebe und sehe ich es immer wieder, dass Menschen auf diesem Planeten brutal zu kämpfen haben und vor sehr schwierige Aufgaben gestellt werden. Sie verdienen Respekt, Mitgefühl und eine helfende Hand. Oft sind sie auch Depressionen ausgesetzt, einer Krankheit, die schlimmer und lebensvernichtender nicht sein könnte. Ihnen kann ich nur zurufen: Holt die richtige Hilfe! Es gibt sie. Niemand ist dazu verdammt, bis in alle Ewigkeit zu leiden. Niemand!

Der Hauptunterdrücker, der grosse Saboteur der Zuversicht und des Vertrauens, ist die Angst. Ein mächtiger Feind unseres Lebens, der uns immer wieder von allen Seiten und auch medial auf allen Kanälen präsentiert wird. Seit der Jahrtausendwende erstellt das Edelman Trust Institute, eine global tätige Kommunikationsagentur, Jahr für Jahr eine Umfrage zu Vertrauen und Glaubwürdigkeit in Einrichtungen wie Politik, Behörden, NGOs, Gesundheitswesen und Medien. Das neuste Ergebnis: Zwei Drittel von zweiunddreissigtausend Befragten aus achtundzwanzig Ländern gehen davon aus, dass sie belogen werden und dass es in Zukunft eher bergab geht. Das mag ja vielleicht so sein. Schaut man genauer in die Politik mit all den Seilschaften und Verfilzungen, die meist von fremdem Geld, ideologischer Realitätsferne oder Zwangssteuern leben, kann einem schon mulmig werden – das Deprotainment und das Weltuntergangs-Halleluja locken, doch wir dürfen das Vertrauen nicht verlieren. Was nicht heisst, dass wir uns alles gefallen lassen und nur resigniert abnicken müssen. Auch wenn es sogar bei uns Tendenzen gibt, Menschen auszunützen, zu bevormunden oder gar zu unterjochen, leben wir in unseren Breitengraden nicht in einer Diktatur, sondern höchstens in einer Konsumdiktatur. Wir können etwas bewegen und verändern, zumindest dann, wenn unsere Ausdauer, unser Wille und unsere Visionen die Resignation oder die Bequemlichkeit verdrängen. Der Mensch ist zu Aussergewöhnlichem fähig – wir erleben es immer wieder.

Für kommende Generationen ist es daher wichtig, dass sie nicht dem grassierenden Endzeitpessimismus erliegen, sondern sich frohgemut breit informieren und neugierig, offen und optimistisch bleiben. Gründe, das zu tun, gibts genug. Alles – sogar der Klimawandel und die Umweltverschmutzung – ist lösbar, denn jedes Problem hat eine Schwachstelle. Nach jeder Schlechtwetterperiode kommen wieder gute Tage, das ist so sicher wie das Amen in der Kirche. Wer die Weltgeschichte genau studiert, weiss, dass es auf diesem Planeten schon immer politische Unruhen und krasse Klimaschwankungen gab. Panik, Überreaktionen und Skandalisierungen haben noch nie zu etwas Fruchtbarem geführt.

Zuversicht aber will gelernt sein. Dazu braucht es die Erkenntnis, dass das tiefe, oft verborgene Vertrauen, das in uns drin ruht, unabhängig ist von anderen und allem anderen. In diesem Urvertrauen zu leben, navigiert uns zur eigenen Wahrhaftigkeit und Authentizität. Ich hatte das Glück, dass meine Mutter mir half, dieses Potenzial anzuzapfen und darauf zu bauen. So wagte ich mich an Aufgaben heran, bei denen andere nur abwinkten oder gar darüber lachten. Ich spürte aber, dass ich von meinem Herzen getragen wurde, dachte gross und träumte das vermeintlich Unmögliche.

Hierzulande wird Selbstvertrauen fälschlicherweise oft mit Arroganz oder Überheblichkeit gleichgesetzt, was viele in ihrer Entfaltung behindert. Ich möchte aber betonen, dass ein selbstbewusster Mensch auf seinem Weg dringend immer auch Phasen des Zweifelns zulassen sollte, denn die sind wichtig. Gesunder Zweifel bringt uns weiter. Zumindest so lange, wie er nicht in ewige Besorgnis oder Angst mündet, denn das wiederum killt die Freiheit. Eine gewisse Unerschrockenheit ist hilfreich und lebenswichtig.

Heute zeigte mein Kalenderblatt folgende weise Erkenntnis des Literaturpreisträgers T. S. ELIOT: *Vertraue dem Menschen, der drei Dinge an dir bemerkt: den Kummer hinter deinem Lächeln, die Liebe hinter deinem Zorn und den Grund deines Schweigens.* Vertrauen ist eine sehr langsam wachsende Pflanze und gerade deshalb ein hohes Gut. Verlorenes Vertrauen ist nur schwer zurückzugewinnen. Misstrauen wächst schneller, ist aber eine schlechte Rüstung und führt ins genau gleiche, dunkle Abseits und Elend wie blindes Vertrauen. Wahres Vertrauen kann nur entwickeln, wer wach und kritisch hinterfragt, wer gelernt hat, auf sein Bauchgefühl zu hören, und wer seinen Instinkt kultiviert. Und dieses Vertrauen bringt uns letzten Endes immer zu uns selbst. Und exakt dort liegt – immer! – auch die Lösung für das, was auf den ersten Blick unlösbar erscheint.

Vertrauen ist meiner Meinung nach nebst der Liebesfähigkeit, der Freude und dem Humor das Wichtigste überhaupt im Leben eines Menschen. Denn Vertrauen bringt Ruhe – und Ruhe bringt Glück.

Der letzte Sommer

Der Sommer, der vergeht, ist wie ein
Freund, der uns Lebewohl sagt.
VICTOR HUGO

Es gab eine Zeit in meinem Leben, da rechnete ich meine Lebensdauer in Restsommern, die mir noch bleiben könnten. Es half mir, sie mehr auszukosten, und hat wohl damit zu tun, dass ich unsere Vergänglichkeit während dieser Jahreszeit am intensivsten spüre. Obwohl ich ein Oktoberkind bin, sind für mich der farbenfrohe Herbst oder auch der grün spriessende Frühling eher eine Art Nach- oder Vorprogramm zu meiner Lieblingszeit. Und den mittlerweile schneelosen, grauen Winter könnte man meinetwegen ohne weiteres aus dem Kalender streichen oder in einen Winterschlaf verwandeln. Das würde unserem Planeten und vielen Menschen sicher nicht schaden.

Sommer und die Schweiz: Es gibt wohl kein Land, in dem es im Sommer schöner ist als bei uns. Das ist ein Fakt. Ich liege auf dem grossen Feld, das an meinen Garten angrenzt, und schaue in den vieltausendjährigen Himmel. Keine einzige Wolke und der Duft des jüngst vom Bauern geschnittenen Grases, mittlerweile schon fast Heu – es riecht betörend. Ich konzentriere mich aufs Ein- und Ausatmen, probiere mein Gedankenmonster, sprich Kopf, auszuschalten und scheitere wieder mal grandios. Warum muss denn immer alles erklärt und hinterfragt werden, anstatt dass ich einfach nur in diesem Flow bin, den ich von der

Musik oder vom Liebemachen her kenne? Aber was will man, dieser »High-Voltage-Strom« fliesst durch meine Adern, das Leben klopft an die Tür. Die Nachbarjungs rennen aufs Feld, und wir bauen zwei Heutore für das lang erwartete Fussballturnier. Sie setzen ihr breitestes Grinsen auf.

Ich denke gerne daran zurück, wie ich meiner Tochter zu Schulzeiten immer sagte: »Hey, check das – jetzt ist Anfang Sommerferien, und diese paar Wochen werden wie im Flug vergehen, weil das mit den schönen Zeiten so ist.« Und zack waren die Tage schon wieder um – wir kennen das alle.

Was braucht ein perfekter Sommer eigentlich, um so genannt zu werden? Für mich beinhaltet er in unseren Breitengraden: möglichst viele warme Nächte, gelbbeige Kornfelder, saftige Kirschen und aromatische Aprikosen, einen kühlenden, schweigsamen Wald und ein paar gelungene Kickertage. Natürlich auch Ausflüge nach Montreux, Zermatt und Locarno oder einfach »home sweet home and gardening«. Ich liebe es, am Morgen aufzustehen, ohne gleich frieren zu müssen, und am Abend von lauen Winden und einem kühlen Weissen gestreichelt zu werden. Da breitet sich Leichtigkeit und grosse Verheissung aus. Ein Herzflimmern des Glücks. Vieles ist möglich. Alles machbar. Die Tochter schmeisst eine Party in unserem Garten, all die Beeren warten aufs Gepflücktwerden, oder ich brenne einfach mit meiner Liebsten ein paar Tage durch. All das hat diese Unbeschwertheit und diese Durchflutung von Farbe, Licht und Liebe.

Natürlich gibts auch Schatten, wie überall, wo viel Licht ist. Wer sich zu viel und ungeschützt an der Sonne aufhält, muss mit Begleitschäden rechnen. Ich staune immer wieder, wie gewisse Menschen sich, und vor allem ihre Kinder, achtlos um die Mittagszeit diesem aggressiven, ozongeschwängerten Laserlicht aussetzen. Vielleicht hats auch mit der Hirnleistung zu tun, die ja bekanntlich bei der Hitze merklich abnimmt. Man muss ja nicht auch noch seinen Verstand unbedingt grillen – da gibts Besseres.

Bald ist dieser Zauber wieder vorbei, und es wird natürlich nicht mein letzter Sommer gewesen sein, aber ich habe versucht, ihn zu leben, als wäre es mein letzter. Die Endlichkeit vor Augen kostete ich jeden Tag voll aus, im Wissen, dass er nie wieder so zurückkommt. Oft verderben wir ja unser kurzes Leben mit irgendwelchen Schlauheiten, verlorenen Mühen oder ganz einfach mit Blödsinn. Diese warme Pracht sollte uns helfen, alles etwas weniger schwer zu nehmen – gerade in diesen überhitzten Panikzeiten, wo man uns auch noch den Sommer madig reden will. Und nicht vergessen: Ja, diese Zeit ist auch die Zeit der Sommerpausen und der göttlichen Siesta, dieser herrlichen Hängematte der Seele. An gewissen Tagen gibt es nichts Besseres für den Körper und den Geist. Sollen die Rädchen da draussen nur weiterdrehen – die funktionieren auch ohne mich. Es lebe die Siesta, am besten jeden Tag, denn die Welt braucht definitiv mehr Ruhe. Wohlan denn, Freunde der Sonne, lassen wir uns noch ein bisschen durch diese Blüte des Seins genesen.

Zurück zur Quelle

*Völlig losgelöst – von der Erde –
schwebt das Raumschiff.*
MAJOR TOM

Der weltberühmte Dirigent Daniel Daréus ist über Jahre hinaus ausgebucht. Konzert reiht sich an Konzert. Ruhelos, ohne jegliche Reflexion hastet er durch sein Leben, von Termin zu Termin, von Konzert zu Konzert, bis der Gehetzte eines Tages auf der Bühne zusammenbricht. Das Schicksal zwingt ihn, sein Leben zu überdenken. Schnitt. Wir sehen eine wohltuende weite, stille Schneelandschaft. Daniel kehrt zurück ins Dorf seiner oft unglücklichen Kindheit, wo er sich als talentierter Junggeiger Aufmerksamkeit und Gunst erspielen wollte. Damals gabs aber von seinen groben Schulkollegen Hiebe statt Liebe. Jetzt, etwa drei Dekaden später, sucht er das ruhige Leben auf dem Land, und sein Selbstfindungsprozess kann beginnen.

Nach kurzer Eingewöhnungszeit in seiner alten Heimat erklärt Daniel sich bereit, den bunt zusammengewürfelten Kirchenchor zu leiten. Und erfüllt sich damit einen Traum: Musik im kleinsten, urtümlichen Kreis statt in den eleganten, grossen Konzertsälen. Dass er für das Winzigdorf mehrere Nummern zu gross ist, zeigt sich im kleinbürgerlichen Alltag leider schnell – es regieren Neid, Angst, Eifersucht und Misstrauen. Trotzdem gelingt es ihm als Kantor, die Chormitglieder aus der Reserve zu locken und über sich selbst hinauswachsen zu lassen. Er erklärt ihnen zum Beispiel, dass es in der Musik ums genaue Hinhören geht: »Alles ist eigentlich schon da, man muss es nur hören und dann pflücken.«

Seine neuen Methoden begeistern, entkrampfen und fliessen sogar ins tägliche Leben ein. Während die Chormitglieder sich für die Musik öffnen, beginnen sie auch langsam, ihre Gefühle und Ängste zu zeigen. Es entsteht eine lebendige Gemeinschaft, geprägt durch Nähe und gegenseitige Fürsorge. Da wird plötzlich nicht mehr weggeschaut, wenn eine der Sängerinnen regelmässig von ihrem Ehemann verprügelt wird. Längst überfällige Liebeserklärungen werden endlich gemacht, und was einen am anderen stört, darf offen ausgesprochen werden. Ein Beeinträchtigter wird nicht mehr aussortiert, sondern integriert. Natürlich gibt das bei einigen böses Blut. Als der Dorfpfarrer zum Beispiel bemerkt, dass seine Frau lieber singen geht, als seinen ewigen Moralpredigten zuzuhören, dreht er durch, reitet Schuld- und Sühneattacken und verbeisst sich in die Wahnidee, Chorleiter Daniel würde das ganze Dorf verhexen. Kein Wunder, dass sich seine Kirche immer mehr leert und er eigentlich nur noch einer »toten Gemeinschaft« vorsteht. Seine gepredigte, aber ungelebte Liebe und die von Eifersucht geprägten Winkelzüge enden in einer Sackgasse. Doch jede Sackgasse kann auch eine Chance darstellen.

Daniel Daréus, diesen weltberühmten Dirigenten, den gibt es nicht wirklich. Er ist die Hauptfigur im fein gesponnenen, dramatischen schwedischen Film »As It Is in Heaven«, und dieser ist ein grosses Plädoyer für den Gebrauch des gesunden Menschenverstands, für Zivilcourage und vor allem eine Hymne an das genaue Hören der eigenen inneren Herzensstimme. Zu Deutsch heisst der Film »Wie im Himmel«. Er erschien 2004, wurde bei den Oscars für den besten fremdsprachigen Film nominiert und ist absolut sehenswert. Ich garantiere Gänsehautmomente!

Warum ich von diesem Film erzähle? Nun, auch ich habe mich in meiner ersten Zeit als Musiker wie der Dirigent Daniel verloren. Am Anfang waren das Feuer, der kreative Funken und der Zusammenhalt zwischen uns Musikern schier endlos. Wir waren eine verschworene Gemeinschaft, gingen zusammen durch dick und dünn. Jeder hat für den anderen gekämpft, und alle wollten dasselbe: raus aus dem engen Jurasüdfuss-Nebel-Griesgram. Es ging um die Musik, um Leidenschaft, ums Lebensgefühl des Rock'n'Roll. Aus dieser Dringlichkeit entstanden wunderbare Songs und das magische »Metal Rendez-vous«-Album.

Heute weiss ich: Auch wenn die Wurzel oft nichts von den Früchten weiss, sie nährt sie doch, erst recht, wenn das Klima stimmt. Also war unser Aufwachsen in Solothurn unser Ticket für die Weltbühne, der Soundtrack zu unserem neuen Leben, und dieses neue Leben war spannend, swingend lebendig und vor allem authentisch. Später dann, mit dem weltweiten Erfolg und dem Druck von aussen, verloren wir den Zusammenhalt als Gemeinschaft. Der innere Kompass ging verloren. Wir waren zwar alle im gleichen Tourbus unterwegs, doch jeder in einer anderen Richtung, jeder in seinem eigenen Film. Atemlos hetzten wir quer durch die verunreinigten Staaten von Amerika, entfernten uns aber zunehmend von uns selbst und von dem, was uns früher als Band so stark gemacht hatte. Aussen wurde zwar alles immer grösser und erfolgreicher, aber innen immer leerer und hohler.

Schliesslich waren Krokus nur noch eine Hülle, ein Name, der die Maschine – notabene schlecht gemanagt – künstlich am

Laufen hielt. Wir spürten uns nicht mehr. Das so wichtige Gefühl für uns selbst und füreinander ging verloren. Ein Trauerspiel. Das innere Flämmlein war erloschen. Wir hatten nur noch oberflächliche Nützlichkeitsbeziehungen, ohne jegliche Tiefe und Sensibilität füreinander. Die Gesamtübersicht und die Liebe waren weg. So kam, was kommen musste – unser Schiff ging unter. Und das war sehr schmerzhaft. Zum grossen Glück bekamen wir später nochmals die Chance, das Ganze auf einem neuen Level, weniger verbiestert, mit mehr Freude, Erfahrung und Respekt anzugehen.

Unzählige Bücher und Biografien erzählen davon: Wer den Bezug zu sich selbst, zu seiner Quelle verliert, unachtsam gegenüber anderen Menschen wird, nur noch den Erfolg, den Goldpokal vor Augen hat und das kleine Blümlein am Wegesrand übersieht, seine Feinheit und Sensibilität verliert, wird früher oder später scheitern. So ist das Leben, und das ist gut so. Ich empfehle immer wieder, unabgelenkt Zeit mit sich selber zu verbringen und zu reflektieren, was einem wirklich guttut und was nicht. Wer achtlos gegenüber sich selbst und anderen wird, bewegt sich auf der Strasse nach unten. Es bleibt natürlich jedem freigestellt, ob er lieber ein grosser Fisch in einem kleinen Teich, ein kleiner Fisch in einem grossen Teich oder einfach nur ein zufriedener Fisch in irgendeinem Gewässer dieser Welt sein möchte.

Die Beatles

What else?
GEORGE CLOONEY (UND ANDERE)

In stillen Stunden frage ich mich manchmal, welches Ereignis mich, abgesehen von der Geburt meiner Tochter und den Büchern von Hermann Hesse, langfristig am meisten geprägt und erfreut hat. Die Antwort kommt jeweils sofort: The Beatles! Mit nichts auf dieser Welt verbindet mich so viel wie mit den Songs dieser vier crazy Engländer, und das bis heute. Das ist schon erstaunlich. Wie konnte das kommen?

Das Böse-Buben-Image der Rolling Stones hatte auch seinen Reiz und brachte Pfeffer in mein Leben, aber die Beatles, die waren die echten rollenden Steine! Den Stones immer einen Schritt voraus, sei es karrieremässig oder stilistisch. Die beiden Bands waren bestens befreundet, aber nach aussen gingen sie auf Konfrontation: Hier die lieben Beatles, da die bösen Stones. Was heute absurd anmutet, hat marketingmässig voll funktioniert. Ganze Schichten, Schulhäuser und Nationen teilten sich in zwei Lager. Ich fands amüsant, liess mich aber nie auf die eine oder andere Seite ziehen, denn ich liebte beide Bands und konnte mir eine Welt ohne sie gar nicht vorstellen. Wobei mir schnell klar wurde, dass rein musikalisch und kompositorisch die Beatles ein Universum für sich waren.

Obwohl beide Formationen aus dem Rhythm 'n' Blues kamen, entwickelten die Beatles sehr schnell eine eigene Klang- und

Harmoniewelt und wurden von Album zu Album experimenteller. Man muss sich das mal vorstellen. Die Jungs legten nach all ihren Pop-Frühhits mit dem »Sgt. Pepper's Lonely Hearts Club Band«-Album den weltweiten Soundtrack zum Summer of Love 1967. Gleich danach brachten sie für die erste weltweite TV-Eurovisionssendung »Our World« den Oberhit »All You Need Is Love«. Und Ende 68 stellten die vier kreativen Überflieger – revolutionsmässig am Puls der Zeit – mit dem epochalen Album »The Beatles«, auch »The White Album« genannt, abermals alles in den Schatten, was schon da gewesen war. 1969 kam noch das geniale »Abbey Road« und ein Jahr später ihr leider letztes Album, »Let It Be«, in dem auch die Querelen der Bandmitglieder verarbeitet wurden. Ja, das waren sie, die genialen Sixties, und die Beatles setzten ihnen mit zwölf – in Zahlen 12 (!!!) – Alben die Krone auf.

Mittlerweile ist klar, dass neue Generationen den Wert dieser Song-Juwelen für sich neu entdecken. Die Musik der BEATLES altert von all den Sixties-Pop-Bands am besten, und ich bin absolut überzeugt, dass ihre prägenden Melodien ähnlich unsterblich sind wie jene von Mozart, Bach oder Beethoven. Warum? Weil sie in ihrer Einfachheit und ihrem Schalk einfach genial sind, aber nie banal. Und zwar in Text sowie Melodie. So hören wir auf meinem Lieblingsalbum, dem weissen, den Allerweltssatz im Song »Yer Blues«: *If I ain't dead already / Girl, you know the reason why.* Ich möchte ihn hier nicht in Deutsch schreiben, weil er nur in der Originalsprache so prächtig funktioniert.

In meiner Stube steht eine alte Jukebox mit all den grossen Hits meiner Jugend. Und wenn Kinder zu Besuch kommen, was drücken sie dann? Richtig! Immer die Beatles. Ihre Musik macht sie happy, im Herzen wie in den Beinen. Obwohl die Aufnahmen auf Vinyl aus heutiger Sicht eher primitiv sind, kommen Seele,

Witz und Gesang plus die Einmaligkeit im Umgang mit Harmonie und Wort voll durch, weil sie echt sind und quasi live eingespielt wurden. Das ergab eine völlig andere, hochkarätigere Qualität. Kein blutleeres Computer-Gebastel und -Gefummel, wie wir es heute kennen. Mit George Martin als »fünftem Beatle« hatten die vier Pilzköpfe einen genialen Produzenten, der sie immer wieder musikalisch herausforderte, Neues wagte und Unglaubliches hervorbrachte.

Die vier Jungs aus Liverpool waren knapp über zwanzig, als sie ihre Evergreens schrieben. Mit »Here Comes the Sun«, »A Hard Day's Night«, »Come Together«, »Nowhere Man«, »Yesterday«, »Penny Lane«, »Hey Jude«, »With a Little Help from My Friends«, »While My Guitar Gently Weeps«, »Lady Madonna«, »Something«, »Blackbird«, »Let It Be« hoben sie die Musik in eine andere, absolut neue Sphäre. Durch diese Band floss eine scheinbar unerschöpfliche Quelle der Inspiration.

Ich weiss nicht, ob die Beatles die Welt verändert haben – mich und viele Weggefährten aber veränderten sie auf jeden Fall. Mit Songs, die so unendlich viel mehr als leere Worthülsen und einfältige, plumpe Melodien sind. Sie machten mir Mut, gaben mir unendlichen Antrieb und viel Freude. Wenn ich heute reise, egal, wohin auf dieser Kugel, treffe ich immer wieder auf Beatles-Verehrer. Das Werk der vier Legenden ist eine Anleitung zum Leben, die wir damals dringend brauchten und auch heute noch dringend brauchen. Dieser Fakt macht sie unsterblich.

Was sie versprühten, war ein Feeling von Freiheit, Freude, Neugier und Unverbogenheit. Vielleicht ist es das, was John Lennon 1971 mit seiner Allerwelts-Trost-und-Hoffnungshymne »Imagine« so wunderschön auf den Punkt brachte: Man könnte die Welt verändern und heilen, wenn die Menschen feststellen, dass sie alle dieselben Träume und Wünsche haben. Man kann sich unseren Planeten ohne diese hoffnungsvolle Hymne für den Frieden kaum mehr vorstellen. Wir brauchen diesen Song, und mit ihm die Lieder der Beatles, mehr denn je.

Die Beatles – sie waren mein vierblättriges Kleeblatt, eine unerschöpfliche Glücksquelle. »Yeah! Yeah! Yeah!«

Natürlich spielen die unzerstörbaren Rolling Stones eine fast so grosse und wichtige Rolle in meinem Leben. Es gibt, ausser den Beatles, keine andere Band, die mich dermassen geprägt und inspiriert hat. Ich erlebte die Stones 1967 am Krawallkonzert im Zürcher Hallenstadion und 2022 im Londoner Hyde Park. Immer noch voller Elan, Schalk und Schub. Das melancholische »Ruby Tuesday«, sozusagen das »Yesterday« der rollenden Steine, das dunkle »Paint It, Black« und das einmalige »Satisfaction«, »Let's Spend the Night Together« und »She's a Rainbow« bleiben für immer in meiner Sound-Blutbahn. Keith und Mick sind das herrliche Pendant zu John und Paul. Und wer genau hinschaut, merkt, wie viel Gemeinsames diese zwei scheinbar so verschiedenen Jahrhundertbands trotz allen Unterschieden haben. Ihre unglaubliche Geschichte ist auch ein Teil meiner Geschichte, und ich bin grottenfroh, dass es sie noch gibt – und es geht weiter. Krokus sagen immer: Wir können nicht aufhören, solange Paul McCartney, Ringo Starr und die Rolling Stones noch weiterrocken. Ehrensache. Hell yeah! It's only rock'n'roll, but we love it!

Tenue feel good

Kleider machen Leute.
GOTTFRIED KELLER

Kleidung ist Ausdruck – Kommunikation ohne Worte. Trotzdem sollten wir aufpassen, dass wir uns nicht blenden lassen, sondern den Menschen hinter der Fassade wahrnehmen. Die Bankerin kann ein Hippie und der Hippie ein Geschäftsmann sein.

Die hiesige Buchhändlerin kombiniert locker und mit Liebe die schönsten Kleider und Accessoires und vergibt dazu ein bezauberndes Lächeln. Ihr Name Lucretia steht für Gelingen und Gewinn. Ich denke, sich schmücken ist ihr Hobby, es macht ihr und ihrem Umfeld Freude. Eine hiesige Sekretärin hingegen ist dermassen overdressed und durchparfümiert, dass es mir, und ihr selbst wohl auch, fast wehtut. Ihren Namen nenne ich hier nicht, aber wenn ich ihr jeweils über den Weg laufe, dann kommen mir die Zeiten in den Sinn, in denen Frauen noch in Korsetts und ähnliche Folterteile gezwängt wurden. Autsch!

Natürlich hat der äusserliche Auftritt, das Fokussieren auf das Aussehen, mit einer gewissen Eitelkeit zu tun – einer der schlimmsten und hemmendsten Eigenschaften des Menschen. Zumindest dann, wenn sie übertrieben wird. Wie meistens im Leben empfiehlt sich auch hier, ein gesundes Gleichgewicht zu finden. Im Fall unseres Erscheinungsbildes heisst das meines Erachtens: Weniger ist mehr! Vor allem beim Schmuck.

Meine Liebste arbeitete im Marketing. Wenn sie Kunden besuchte, zog sie sich weniger entspannt an, als wenn wir beide zu Hause oder privat unterwegs sind. Sie mochte ihr Business-Outfit nicht unbedingt, aber erklärte mir, dass es vielerorts als »unseriös« angesehen werde, wenn man einfach mit T-Shirt, Jeans oder im Locker-Rock und mit Turnschuhen einlaufen würde. Die Bewertungsmuster und Dresscodes in der mitteloberen, nach Anerkennung ringenden Geschäftswelt sind seit Jahrzehnten festgefahren. Viele checken noch nicht, dass ungezwungene, nicht ungepflegte (!) Outfits auch ein Ausdruck von Dynamik, Coolness und Selbstbewusstsein sein können und sich dahinter vielleicht spannende, kreative Persönlichkeiten mit Reisserqualitäten verbergen.

Anders verhält es sich in der obersten Einkommensklasse. Da gehört es schon fast zum guten Ton, locker dressed rumzulaufen. So, als würde man gerade zur nächsten Klimademo gehen. Also jeden Tag »casual Friday« – legere Freizeitkleidung. Erfolgreiche Milliardäre pflegen das seit Jahrzehnten, sie müssen nichts mehr befürchten und niemandem mehr etwas beweisen, also dürfen sie sich nach freier Lust und Laune kleiden. Ein Privileg, das übrigens – ironischerweise – auch für Nerds und Landstreicher gilt.

Und ich? In meiner Jugend war der meistgehörte Satz: »So kannst du doch nicht rumlaufen! Das ist Gammlerzeugs.« Ich konnte. Und wie! Es brachte viel Spass, aber auch einigen Widerstand mit sich. Die ewigen Nörgeleien begannen bei meinen langen Haaren, führten über die Hamburger Schlaghosen bis hin zur grünen, arg lädierten Bomberjacke und endeten bei den violetten Socken. Wie ich mich kleidete, das war für die damaligen igelgeschorenen Graumäuse einfach zu viel des Unguten. Klar, rückblickend kann ich sagen: Es sah zum Teil schrecklich aus! Aber – es ist das Vorrecht der Jugend, sich Nischen zu schaffen, in denen sie sich gründlich vom Nullachtfünfzehn-Teig unterscheiden. »Be Young, Be Foolish, Be Happy« hiess der Song der Band The Tams. Und es gilt heute noch: Sei jung, sei töricht, sei glücklich.

Heute dürfen die Jungen rumlaufen, wie sie wollen, egal, ob grüne Haare, voll tattooisiert, zerlöcherte Jeans, schlecht frisiert oder kahl geschoren – who cares? Die meisten jedoch entscheiden sich für dieselben langweiligen Markenklamotten, die nur wenig Persönliches ausstrahlen. Dieses Signal entspricht dem angepassten Zeitgeist unserer Wohlstandsgesellschaft. Das ist natürlich nicht very prickelnd, aber ihre Wahl. Ich spüre dennoch langsam einen neuen Wind, hin zu mehr individuellem Ausdruck. Gut so! Für mich persönlich gilt, dass ich ein happy Camper bin, da ich mich immer so kleiden darf, wie ich mich fühle: Locker-vom-Hocker-Hippierocker – Tenue feel good – Tenue Chrisibär.

Magie Montreux

We all came out to Montreux
On the Lake Geneva shoreline
DEEP PURPLE

Es waren die frühen Siebziger. Ich hatte wenig Geld, aber einen unstillbaren Durst aufs Leben und auf neue Musik. Eine meiner Pilgerstätten war Montreux, etwa eine Stunde von Solothurn entfernt. Per Anhalter – ja, man trampte damals noch – fuhr ich unzählige Male zu diesem lauschigen Örtchen, wo sogar ein paar Palmen stehen. Montreux besass schon immer exakt das, was mir in meiner Heimatstadt oft fehlte: ein unbeschreibliches Flair und die Vision, Unmögliches möglich zu machen. Claude Nobs hatte als extrem kreativer Geist einen Riesenanteil daran. Ich fühlte mich immer willkommen – auch dann, wenn ich gerade kein Cash für einen Konzertbesuch im alten Casino hatte. Selten blieb jemand draussen. Claude hatte ein grosses Herz für Musikliebhaber und Musiker, was bei den heutigen Konzertveranstaltern, die oft von Grosskonzernen aufgekauft wurden, eher eine Rarität ist. Ja, die Zeiten haben sich geändert. Wie auch immer: Für mich, den leidenschaftlichen Nachwuchsmusiker, war Montreux immer paradiesisch und extrem inspirierend.

Unvergessen bleibt mir der Auftritt von Frank Zappa & The Mothers of Invention am 4. Dezember 1971. Ich bin nicht der Einzige, der hinsichtlich dieses Datums an Unvergesslichkeit leidet. Das Feuer war gross, das gesamte Casino und Zappas

Equipment gingen in Flammen auf. Ich flüchtete über den Bühnenweg und nahm noch hurtig einen rumliegenden Schlagzeugstock als Andenken mit. Claude rannte rein und raus, und Zappa bestaunte mit seiner geliebten Frau Gail im Arm seelenruhig draussen vor dem Flammeninferno das Abendrot und die nahen Berge. Die Rockgruppe Deep Purple war auch vor Ort, was sich als Glücksfall für ihre Karriere und die globale Bekanntheit des Montreux Jazz Festival erwies, da sie, inspiriert vom Rauch, der sich über den Genfersee ausbreitete, den Allerweltsrocksong »Smoke on the Water« komponierte.

Claude Nobs, der bei der Evakuierung des Casinos tatkräftig mithalf, kommt im Song als »Funky Claude« vor. Er war aber auch im Normalfall immer einer der Letzten. Er starb überraschend Anfang 2013, nachdem er auf der Langlaufloipe in seinem Wohnort unglücklich auf den Kopf gefallen war. Der Tod steht in keinem Organizer, er kommt, wann und wie er will. Dass das Ende nahte – da bin ich mir sicher –, spürte Claude. Bereits beim Jazz Festival im Sommer davor kam er mir vor wie ein Geist, der backstage durch einen hindurchblickte und schon über uns schwebte. Man spürte, dass die intensive Arbeit, der seltene Schlaf sowie diverse Herzoperationen an ihm nagten. Trotzdem blieb er ständig bis in die frühen Morgenstunden.

Unvergesslich bleiben die Besuche in seinem Chalet in Caux. Anlässlich einer Plattenveröffentlichung von Krokus bekochte Claude uns aufs Feinste – seine Gastfreundlichkeit und seine Grosszügigkeit waren legendär. Beides war einfach in seinem Blut. Dazu konnte er sich begeistern wie ein Kind und zeigte jedem, der sich interessierte, all seine bunten Art-déco-Lampen und Modelleisenbahnsammlungen. Sein Chalet war schon fast ein Museum, und auch seine beiden Hunde Kuki und Kiku, die im Chaletlift schliefen, wussten nicht immer, in welchem Flügel, zwischen welchen Instrumenten und Pfannen ihr Herrchen gerade steckte. Uns verbanden zwei Dinge: Wir waren beide für kurze Zeit mal Köche, er mit Bestimmtheit der bessere, weil er die Kochlehre gemacht hatte und das Kochen liebte. Für mich war die Kocherei eher ein Muss, um Geld zu verdienen, bis ich endlich von der Musik leben konnte. Zudem teilten wir eine unbegrenzte Begeisterung für Musik und Talente jeglicher Couleur. Wenn ich ihm heute neben einem grossen Dankeschön etwas sagen könnte, dann dies: »Gäbe es nur mehr Veranstalter und Gastgeber deines Kalibers, das Leben wäre um einiges schöner für uns Musiker und Lebenskünstler.«

Heute besuche ich Montreux jährlich und verbringe, meist mit meiner Tochter und meiner Liebsten, ein paar Tage an diesem magischen Ort, der dermassen mit Musik, Geschichte und Kreativität verbunden ist. Immer gibts auch Neues zu entdecken. Diesen Sommer waren es der französische Über-Pianist Sofiane Pamart und die US-amerikanische Blues- und Soulsängerin Mavis Staples, die mich mit ihren kraftvollen, lebendigen Auftritten begeisterten. Musikalische Leckerbissen, die in der einfach bestklingenden Halle der Welt, dem Auditorium Stravinski, glasklar in der perfekten Temperatur rüberkommen. So erlebte ich hier in früheren Jahren Prince, Miles Davis, Jeff Beck, Santana, Keith Jarrett, John Fogerty und viele andere.

Hie und da besuche ich den herzvollen Thierry, der die Claude Nobs Foundation leitet und auch heute noch im traumhaften Chalet von Claude wohnt. Wenn ich in Montreux bin, dann steige ich im »Palace« ab. In Fünfsternehotels findet man mich ansonsten aber äusserst selten, da viele von ihnen für mich pure Langeweile in Plüsch und Seide sind. Das »Montreux Palace« ist eine Ausnahme, eine Art Krönung von Montreux. Dort finde ich, vor allem während des Festivals, einen Spirit von Grosszügigkeit, Kreativität, Freude und Eleganz. All dies schätzten schon der »Lolita«-Schriftsteller und Schmetterlingsforscher Vladimir Nabokov, der Schauspieler Peter Ustinov, der Komponist Richard Strauss und viele andere illustre Gestalten, die in diesem weitläufigen, verschnörkelten Jugendstilbau vor mir ein und aus gingen. Das Hotel hat den Glanz aus seiner Geschichte behalten, und ich fühle mich in seinen wundervollen Räumlichkeiten einfach pudelwohl.

Genau wie im Städtlein selber. Ich schlendere der wunderbaren Seepromenade entlang, je nach Laune bis zum sagenumwobenen Schloss Chillon. Oder ich besuche die Funky Claude's Bar oder den weitgereisten, witzigen Jean und seinen »Trésor du monde«-Stand am See mit all seinen Kostbarkeiten. Vielleicht wage ich den Sprung ins kühle Nass, während die alten Salonraddampfer an mir vorbeigleiten, oder besuche das Queen-Museum im Casino. Auch Freddie Mercury, der Leadsänger der QUEEN und treibende Kraft der Band, dessen Statue bei jedem Wetter entschlossen Richtung Genfersee blickt, hat das Geheimnis dieses Ortes gekannt. Ja genau: *It's a kind of magic...* Immer noch!

Der goldene Kern

Der Sinn des Lebens besteht darin, deine Gabe zu finden.
Der Zweck des Lebens ist, sie zu verschenken.
PABLO PICASSO

Der bekannteste Tänzer der Filmgeschichte, Fred Astaire, bekam nach einer ersten Probeaufnahme bei Metro-Goldwyn-Mayer im Jahr 1933 eine Notiz des Aufnahmeleiters zu sehen: »Kann nicht spielen! Etwas kahlköpfig! Kann ein bisschen tanzen!« Astaire bewahrte den Zettel zeit seines Lebens auf.

Walt Disney wurde wegen mangelnder Kreativität von einem Zeitungsherausgeber gefeuert und ging mehrere Male bankrott, bevor er die Welt mit seinen Zeichentrickfilmen, Comicfiguren und Vergnügungsparks regelrecht verzauberte.

Der Überphysiker Albert Einstein wollte nicht zu sprechen beginnen, bevor er drei Jahre alt war, und redete erst als Sechsjähriger flüssig. Seine Lehrer beschrieben ihn als geistig langsam, ungesellig und dauernd in seine törichten Träume abschweifend. Er wurde von der Schule verwiesen, und es wurde ihm der Zugang zur heutigen Eidgenössischen Technischen Hochschule Zürich verweigert. Gleichwohl entwickelte er, von dem man heute vermutet, dass er Legastheniker war, später die absolut bahnbrechende Relativitätstheorie und bekam 1921 den Nobelpreis.

Thomas Alva Edison ging nur wenige Monate zur Schule, denn nachdem er seiner Mutter erzählt hatte, dass ihn sein

Lehrer »verwirrt« nannte, unterrichtete sie ihn fortan selbst. Trotzdem wurde Edison einer der grössten Erfinder des 20. Jahrhunderts.

Auch der russische Schriftsteller Leo Tolstoi, der mit »Krieg und Frieden« und »Anna Karenina« Literaturgeschichte schrieb, wurde als lernunfähig und -unwillig beschrieben.

Winston Churchill blieb in seiner Schulzeit mehrmals sitzen, was seiner politischen Karriere keinen Abbruch tat. Er wurde zweimal Premierminister von England und führte sein Land glorreich durch den Zweiten Weltkrieg. Als Autor politischer und historischer Werke erhielt er 1953 den Nobelpreis für Literatur.

Die Liste liesse sich sicher ohne Probleme erweitern, denn wir alle kennen ähnliche Zurückweisungen aus unserem eigenen Leben. Wie oft musste ich von meinen Vorgesetzten oder Lehrern Sätze hören wie: »Das geht nicht, führt zu nichts, das kannst du nicht machen!« – »Vergiss es, Junge, was soll nur aus dir werden? Musik ist doch wie Zirkus – davon kannst du mehr schlecht als recht leben, und besonders talentiert bist du auch nicht!«

Die Autoritätspersonen in meinem Umfeld wollten mich und meine Träume brechen. Trotzdem bin ich meinen eigenen Weg gegangen. Nicht dass ich mich etwa mit den oben genannten Persönlichkeiten in eine Reihe stellen möchte, aber immerhin gelang es mir nach einer langen Durststrecke, meine Träume zu verwirklichen: Ich kann zu hundert Prozent ich selbst sein und habe dadurch den schönsten Job der Welt. Ich konnte auf den grossen Rockbühnen der Welt spielen, traf meine Idole, bin Ehrenbürger von Memphis, Tennessee, erreichte Gold und Platin in Amerika und Kanada, schrieb ein paar Hit-Songs und sechs Bücher, coachte erfolgreich verschiedene Bands, war als Süsswasserpirat beim Fernsehen, hatte eine eigene Radioshow, rocke seit Jahren wieder mit Krokus. Rihanna trug ein Krokus-T-Shirt, und der Schauspieler und Musiker Jack Black sang den Krokus-Song »Eat the Rich«. Ich kann von der Musik und meiner Schreibe gut leben und habe die beste Frau der Welt. Ohne Übertreibung: Ich bin restlos glücklich und sehr, sehr dankbar.

Man sieht nur mit dem Herzen gut, das Wesentliche ist für die Augen unsichtbar, schrieb einst ANTOINE DE SAINT-EXUPÉRY in seinem Klassiker »Der kleine Prinz« so treffend. Und brachte es damit wundervoll auf den Punkt: Egal, wie klein sie dich machen, es lohnt sich, der inneren Stimme, dem eigenen Plan zu trauen. Mehr als dem, was uns von Wiederkäuern, Moralisten und Besserwissern gerne hineingedrückt wird. Häufig steckt eigennützige Berechnung, Minderwertigkeit oder Neid dahinter. Bei den Eltern kann es auch mal Missgunst sein, weil sie es schwieriger hatten. Verständlicherweise sorgen sie sich manchmal auch darum, ob ihre Nachkommen dereinst eigenständig im Leben bestehen können. Da kann man schon mal etwas nervös werden oder überreagieren. Dennoch – um im Leben Zufriedenheit und so etwas wie Erfüllung zu erlangen, muss jeder von uns selber spüren, wohin er gehört, seine eigene Identität, Disziplin und Gewichtsklasse finden, ergründen, wer er – oder sie – ist, und den gewählten Pfad dann mit tollkühner und unerschrockener Konsequenz verfolgen. Dranbleiben ist alles. Das ist oft hart, denn es gilt immer wieder, Rückschläge und Hürden zu überwinden und als Chance zu erkennen. Doch gerade in schwierigen, scheinbar aussichtslosen Situationen finden wir ihn wieder, diesen Wegweiser und goldenen Kern in uns.

Im Bangkoker Tempel Wat Traimit gibt es einen drei Meter hohen, massivgoldenen Buddha. Er wiegt fünfeinhalb Tonnen, wird auf zweihundertfünfzig Millionen Dollar geschätzt und von tausenden Besuchern und Besucherinnen bestaunt. Neben ihm liegen in einem Glaskasten Fragmente seiner einstigen Schutzschicht aus Gips, die den wahren Wert über Jahre total verschleiert hatte. Hier die abgekürzte Geschichte dieses landesweit bekannten Wahrzeichens: Im Jahr 1955 wollte man den Buddha umsiedeln, und beim Versuch, ihn anzuheben, rissen die Seile, und die Statue schlug auf dem Boden auf. Das führte dazu, dass ein Teil der Hülle absplitterte und das Gold darunter zum Vorschein kam. Historiker glauben, dass Priester vor vielen hundert Jahren aus Angst vor feindlichen Angriffen den goldenen Buddha mit einem Mantel aus Gips bedeckt hatten, um ihn vor Raub und Schändung der Burmesen zu schützen. Dadurch blieb er im Besitz des damaligen Siam und überlebte sämtliche Kriege und Plünderungen.

Diese Geschichte lässt sich leicht auf uns übertragen. Irgendwo auf dem Weg zwischen Geburt, Pubertät und Erwachsensein, je nach Bewusstseinsstufe von Eltern und Lehrerschaft, wird unser Götterkern überdeckt und unser natürliches Selbst zugeschüttet. Darunter – und davon bin ich überzeugt – steckt in jedem von uns ein grossartiger, unzerstörbarer Wesenskern. Ähnlich wie beim Wunder des eingegipsten Buddhas können auch wir unseren wahren Kern wieder neu entdecken – wenn wir uns wirklich danach sehnen oder durch schwerwiegende Umstände dazu gezwungen werden. So können wir unseren Schutzschild, unsere Panzerung, unsere Härte aus Angst vor Verletzungen ablegen. Es lohnt sich, einmal darüber nachzudenken, denn wenn das innere Feuer glüht, nehmen wir vermeintliche Hindernisse mit links, entwickeln eine erstaunliche Triebkraft und bleiben auf der persönlichen Spur unseres einmaligen Lebens.

Mein Baum

*Immer wenn ein Kind vor dem Smartphone
sitzt, stirbt auf einem Baum ein Abenteuer.*
AUTOR UNBEKANNT

Mit ihm, unter ihm verbrachte ich unzählige Stunden, verteilte Küsse, erzählte Geschichten, sinnierte und weinte. Er kennt mein halbes Leben, meine Freuden und meine Sorgen. Er, das ist ein mehrhundertjähriger Lindenbaum, der ein mittlerweile verlassenes Kapuzinerkloster bewacht. Ein Wunderwerk der Natur. Er erinnert mich immer wieder daran, was wichtig ist im Leben.

Ich liebe Bäume. Sie sind die Freunde, die dich nie hängen lassen, und sie durchwurzeln unser Leben viel mehr, als wir glauben. Wir müssen nach einem kargen, kahlen Winter nur mal ins Frühlingsgelände schauen. Welch unglaubliche Baumpracht in allen Grünvarianten! Man muss nicht LSD konsumieren, um zu erahnen, dass Bäume Lebewesen sind, die ähnlich funktionieren wie wir. Holz, in allen Formen und Farben, erzählt eine Geschichte und riecht fantastisch, allen voran die Arve, aber auch gewisse Tannenbäume. Schon nur eine mit Holz verkleidete Decke gibt einem Raum einen völlig anderen, wärmeren Touch. Und erst die Böden! Es läuft sich doch viel angenehmer auf einem Parkettboden als auf Stein. Eine Holzumgebung hält – naturwissenschaftlich nachweisbar – unseren Körper physiologisch gesünder. Ich liebe es, Hölzer in die Hand zu nehmen, und bin ein leidenschaftlicher Schwemmholzsammler. In meinem Solothurner Jugendstilschlösschen befindet sich mehr Holz als irgendein anderes Material.

Doch woher kommt das Holz eigentlich? Wie entsteht es? Ein Biologieprofessor lehrte mich in der Schule einst: »Die Bäume ernähren sich von der Erde, aus dem Boden heraus.« Diesen Satz, aber auch das, was ich danach dachte, habe ich nie vergessen: »Hm, die fressen Erde und erzeugen Holz daraus? Eine etwas very fade Ernährung.« Nun, meine damaligen Lehrer waren vor allem Weltmeister im Austeilen von Ohrfeigen.

Heute weiss ich es besser. Von der grossen Holztischplatte, auf der ich gerade schreibe, von meiner geliebten Gitarre oder von dem drei Meter hohen geschälten Kirschbaumstrunk, der als Naturdeko in meinem Wohnzimmer steht, sind gerade mal fünf(!) Prozent aus der Erde – nämlich Stickstoff und Mineralien. Der ganze grosse Rest ist – Luft, Licht, Zellulose, Wasser und Kohlendioxid (CO_2). Daraus entsteht dann Traubenzucker (Glukose) als Baustoff. Eine perfekte Kreislaufwirtschaft und wahrlich ein Wunder. Ganze Wälder entstehen aus Luft, Licht und Wasser plus ein wenig Spurenelementen aus der Erde. Und alles wird wiederverwertet. Da gibts keine sinnlose, schnelle Wegwerfkultur, nur damit sich die Wirtschaft weiterdreht. Wälder sind die krassesten Gegenentwürfe zu all den Fehlentwicklungen unserer Zeit.

Noch etwas beeindruckt mich an Bäumen: Sie tun alles, um ihren Boden zu sichern, die Luft sauber zu halten, Humus zu bilden, Sauerstoff zu produzieren, um schliesslich erfolgreich in die Höhe zu wachsen, ihre Kronen auszubreiten und via Samenflug Nachkommen zu erzeugen. Ein harter Konkurrenzkampf, da es ja auf engem Raum viele Bäume gibt und dieses Ringen ums Überleben nur mit viel Erfahrung, Kommunikation und Lebensweisheit zu gewinnen ist.

Der Förster und Holzhausbauer Erwin Thoma geht in seinem empfehlenswerten Buch »Die geheime Sprache der Bäume« auf diese Erkenntnisse ein. Er beschreibt Bäume als Lebewesen mit eigener Seele und belegt, dass das Baumharz der Nadelhölzer, das synthetisch nicht produzierbar ist, in höherem Masse viren-, bakterien- und pilzabtötend wirkt als jedes Medikament, das uns die Pharmaindustrie zur Verfügung stellt. Bäume waren die Wegbereiter unserer Existenz. Mit ihnen kann man feuern und bauen. Es gibt sie seit fünfhundert Millionen Jahren – Menschen erst seit vier. Trotzdem sind die Bausteine, die Moleküle des Baums nahezu identisch mit denen des Menschen, einfach ein leicht anderes Strickmuster. Unglaublich!

Mit fünfzehn Jahren schenkte mir der Graf von Törring, mit dessen Sohn ich zur Schule ging, eine prächtige Douglastanne aus dem Bayrischen Wald. Ich pflanzte sie hinter meinem Elternhaus in der Nähe eines Baches. Zu unser aller Erstaunen wuchs dieser wunderbare Baum über die Jahre buchstäblich in den Himmel. Er war das Naturereignis des Quartiers, oft bewundert und für mich und meine Freunde ein zweites Obdach. Wir bestiegen ihn, versteckten uns auf ihm, bauten eine Hütte zwischen seinen Ästen, sammelten seine Tannzapfen – kurzum, wir verbrachten unzählige Stunden mit ihm. Meine Mutter richtete im Sommer immer unseren Gartentisch in seinem Schatten ein. Auch sie liebte diesen Platz.

Doch das schien den späteren Besitzer unseres Hauses nicht zu interessieren – er fällte ihn. Unfassbar! Ein Mörderstich in mein Herz. Unbemerkt schlich ich an die Stelle zurück, wo der Baum einmal gestanden hatte, und sprach mit dem, was von ihm übrig geblieben war, mit seinem Strunk: »Tut mir echt leid, was mit dir passiert ist, du warst grossartig und hättest uns alle überlebt, wir hatten so gute Zeiten, du warst meine Kirche, und nie hätte ich es für möglich gehalten, dass dich jemand töten würde, wieso auch? Ja, ich hab dich im Stich gelassen, bitte verzeih mir.«

Die Luft war immer noch erfüllt vom Duft seiner Nadeln. Seine Wurzeln schlängelten sich noch unter dem Boden, waren nur leicht überwachsen von Moos, modriger Erde und Grünzeugs. Ja, er war noch da, dieser Gigant, genauso wie später meine verstorbenen Eltern, Grosseltern und Freunde, die sich bereits verabschiedet haben. Sie alle sind noch fühlbar da. In der Luft. In einem Vogelschwarm. Unter Steinen. In der Erde. Im Widerhall von guten Songs. In einer soeben erblühten Rose. Im Plätschern eines Baches. Das hat doch etwas Tröstliches – was stirbt, bleibt, man muss nur erkennen, dass es noch da ist. Und ja: Lasst uns weiterhin Bäume pflanzen. Sie tun dieser Welt und uns so gut.

Osho

*In dem Moment, wo du dich selbst
akzeptierst, wirst du schön.*
OSHO

Ich hatte mit den meisten meiner Lehrer kein Glück. Sie hatten weder das Feuer noch das Wissen, die natürliche Autorität und auch nicht die Begeisterungsfähigkeit, die ein guter Lehrer braucht. Rückblickend war meine Schulzeit leider reine Zeitverschwendung und das Leben selbst mein bester Lehrmeister. Neben einigen Meistern ihres Faches, zu denen auch Osho, einer der bekanntesten, aber auch umstrittensten spirituellen Lehrer des 20. Jahrhunderts gehörte. In meinen Augen sprengte er alle Ketten, war brillant und provokant. Eine Mischung, die mir gefällt.

Das Wort »Guru« bedeutet übersetzt spiritueller Lehrer. Im Westen hat dieser Ausdruck etwas Anrüchiges oder Fragwürdiges. Man verbindet damit Verblendung, Manipulation und Hörigkeit. Tatsächlich gibt es viele unglaubwürdige Gurus, die ihr Unwesen treiben, sich als Allerweltsheiler aufbauschen und nur das Geld ihrer Anhänger wollen. Sie bringen Entehrung über die echten Lehrer. Auch ich fiel damals fast auf einen Dünnbrett-Guru herein, der mir das einzig wahre »knowledge« verkaufen wollte.

Wer die Serie »Wild Wild Country« auf Netflix schaut, könnte fälschlicherweise zum Schluss kommen, Osho gehöre ebenfalls zu diesen Fake-Gurus. Und ja, er hat wie jeder andere Mensch auch Fehler gemacht. Sein Experiment, sich mitsamt seinen Jüngern dauerhaft in den USA niederzulassen, geriet aus den Fugen und verunsicherte viele. OSHO liess sich feiern wie ein Rockstar, und seine provokative Ansage an alle Zwangsbescheidenen war: *Ich bin ein Mann mit simplem Geschmack: Ich liebe von allem das Beste.*

Die dreiundneunzig Rolls-Royces in seinem Besitz waren allesamt Geschenke. Eine Inszenierung seiner Schüler, die den Wettbewerb »Wer kann Osho das grösste Geschenk machen?« lancierten. Natürlich eine geniale Marketingkampagne. Das alles, inklusive gewisser eher gewagter Sexthesen, war Endlosfutter für seine Kritiker. Der Inder hielt dem Westen jedoch wie selten ein anderer Lehrer gnadenlos den Spiegel vor.

Osho, mit bürgerlichem Namen Chandra Mohan Jain, lange bekannt unter dem Namen Bhagwan, wurde 1931 in einem kleinen indischen Dorf als ältestes von elf Kindern eines Tuchhändlers geboren. In den ersten sieben Jahren wurde er von seinen Grosseltern aufgezogen, was für ihn, wie er selber sagte, ein Segen war. Osho war bereits als Kind ein Einzelgänger und Rebell, der zwar gute Schulnoten heimbrachte, jedoch oft Ärger mit den Lehrern hatte. Er wurde von mehreren Schulen verwiesen, da er alles infrage stellte und Autoritätspersonen nicht akzeptierte.

Mit neunzehn Jahren studierte er Philosophie am Raipur Sanskrit College. In seinem Buch »Freiheit« beschreibt er, wie er das Schulsystem durchschaute. Seine Lehrer hielten in jedem Fach nur Vorträge nach Lehrplan, anstatt den Stoff mit ihren eigenen Erkenntnissen anzureichern. Um gute Noten zu bekommen, brauchte man in den Prüfungen nur papageienmässig das zu wiederholen, was die Lehrer gesagt hatten. Dies bemängelte Osho immer wieder. Die Schüler seien nicht in der Schule, weil sie an der Wahrheit interessiert seien, sondern einzig, um die Prüfungen zu bestehen. Ihm hingegen bedeuteten Diplome nichts. Er war am Diskurs interessiert und wollte Neues lernen. Er sagte: »Gelehrte sind oft die blindesten Menschen der Welt, weil sie nur aus ihrem angeeigneten Wissen heraus leben. Sie erkennen die Situation nicht, leben nur noch mechanisch.«

In den Sechzigerjahren ging er immer öfter auf Vortragsreisen durch Indien. Dabei kritisierte er den Sozialismus, der die Armut verherrliche anstatt ablehne. Er plädierte für den Kapitalismus, für die Wissenschaft, für moderne Technologien und für Geburtenkontrolle, um in Indien den Wohlstand zu fördern und das Land wettbewerbsfähiger zu machen. Gleichzeitig betonte er immer wieder die Wichtigkeit der Meditation, der Liebe, der Kreativität, des Muts und des Humors – Eigenschaften, die er von allen Glaubenssystemen als unterdrückt betrachtete. Er hinterfragte und zerpflückte sämtliche Weltreligionen (nicht ihre Propheten), die immer wieder mit ihrer Macht und Angstmacherei so viel Leid über die Menschen brachten. Niemandem sollte vorgegeben werden, wie er oder sie zu leben habe. Er sagte: »Ich werde dir keine Landkarte geben. Ich kann in dir nur die grosse Entdeckerleidenschaft wecken. Die einzig wahre Religion ist, das Leben total und mit ganzem Herzen zu leben.«

Solche Provokationen machten ihn natürlich streitbar, jedoch brachten sie ihm auch jede Menge Aufmerksamkeit. Osho war überzeugt, dass man Menschen »aufwecken« könne, wenn man sie schockiere. So beanstandete er in seinen Vortragsreihen die Einstellung der indischen Gesellschaft gegenüber Sex und Liebe. Sex sei eine rohe Energie, eine Triebfeder, die anstatt unterdrückt nur richtig transformiert werden müsse, was zu seiner Zeit als skandalöse Ansicht galt. Sie brachte ihm in der Presse den Titel »Sex-Guru« ein, der – zu Unrecht – bis heute an ihm haftet, da das Thema Sexualität nur einen ganz kleinen Teil seiner Lehren ausmacht.

Osho war überdurchschnittlich belesen. Er kannte nach eigenen Angaben hundertdreissigtausend Bücher zu allen Religionen, Philosophien, Geschichte, Lyrik und Literatur. Er las alle heiligen Schriften, aber auch Gurdjieff, Freud, Dostojewski, Platon, Laotse, Nietzsche und viele mehr und konnte aus fast allen Werken zitieren.

In den Siebzigerjahren, als Aussteiger, Hippies und Systemkritiker Hochsaison hatten, gründete Osho im indischen Pune ein Meditationszentrum, das immer mehr Menschen aus Europa und den USA anzog, die seinen Lehren abseits der steifen bürgerlichen Konventionen folgten. Er zog Menschen an, die an einer persönlichen Weiterentwicklung von Körper, Geist und Seele interessiert waren und sich von eigenen Einschränkungen befreien wollten. Die Neo-Sannyasin-Bewegung formte sich. Im Zentrum wurden Kurse und Therapiegruppen angeboten. Osho, der Erleuchtete, hielt gefeierte Vorträge, beantwortete knifflige Fragen seiner Schüler zu unserem Dasein und gab sogenannte Satsangs, bei denen sich Menschen – im Versuch, der Wahrheit näher zu kommen – treffen. Es wurde viel getanzt und geliebt. Viele Suchende, die länger in Pune gelebt haben, beschreiben ihre Zeit in Indien als die schönste ihres Lebens.

Oshos Entscheid, den asiatischen Kontinent zu verlassen, erfolgte wegen steigender Besucherzahlen und Ungereimtheiten mit der indischen Staatsverwaltung. Da es in den USA mehr Platz gab, wurde 1981 entschieden, das Zentrum in den Bundesstaat Oregon zu verlegen und dort eine neue Kommune zu gründen. Seine engste Beraterin, Sprecherin und rechte Hand,

Ma Anand Sheela, war Präsidentin der Rajneesh Foundation International. In dieser Funktion kaufte sie die fünfundzwanzigtausend Hektar grosse Big Muddy Ranch, einen früheren Drehort von Wildwestfilmen. Daraufhin wurde Wüstenland in fruchtbares Ackerland verwandelt und eine Kleinstadt aus dem Boden gestampft. Die siebentausend (!) Anhänger bekamen eine eigene Post, eine eigene Feuerwehr, eine Schule, ein Einkaufszentrum, Restaurants und einen Flugplatz. Den öffentlichen Verkehr sicherten fünfundachtzig Busse, und wenn wir schon von »Bussen« sprechen, kommt mir noch in den Sinn, dass es auch einen Polizeiposten gab. Und – nicht zu vergessen – ein eigenes Kraftwerk zur Stromversorgung.

Die wenigen bereits ansässigen Familien im Dorf Antelope, zu dem die Big Muddy Ranch gehörte und das nach turbulenten Abstimmungen in Rajneesh umgetauft wurde, trauten ihren Augen und Ohren nicht. Die rot gekleideten Bhagwan-Anhänger wurden als abgehobene Spinner und Störenfriede empfunden. Das Ganze endete in einem Krieg mit den alteingesessenen Anwohnern und den Behörden. Was das Ganze befeuerte: Sheela führte die Kommune autoritär und war zunehmend mit dem starken Gegenwind der konservativen Amerikaner überfordert. Osho beschuldigte sie später der Brandstiftung, des Abhörens, des versuchten Mordes und der Vergiftung. Ein amerikanisches Gericht sprach sie dann auch schuldig, und Sheela musste für drei Jahre ins Gefängnis. Die Rajneesh-Puram-Kommune brach 1987 auseinander. Ehrlich gesagt bin ich froh, damals nicht dabei gewesen zu sein.

Heute führt Sheela in der Schweiz erfolgreich zwei Wohnheime für Betagte und Behinderte. Osho selbst wurde aus den USA ausgewiesen und kehrte nach Pune zurück, wo er seinen Ashram wiederbelebte, Vorträge hielt und Bücher schrieb, die

Bestseller wurden, und wo er mit nur gerade achtundfünfzig Jahren verstarb.

Was ist die wahre Essenz von Oshos Erbe? Osho war überzeugt, dass die Menschheit, wenn sie sich nicht grundlegend änderte, sich selbst auslöschen würde. Folgerichtig lag sein Fokus auf der Entwicklung des Menschen von morgen. Seine Überzeugung war, dass die Menschen lernen würden, verantwortungsbewusster zu sein sich selbst und der Existenz gegenüber. *Wenn das Individuum leuchtet, dann geschehen Dinge wie Mitgefühl, Fürsorge und Unterstützung des anderen von selbst.* Sein Ziel war, die etablierten, östlichen Weisheitstraditionen dem westlichen Kulturkreis näherzubringen. Er forderte dazu auf, jeden Augenblick des Lebens in all seiner Schönheit und Freude wie auch in seinem Schrecken und Schmerz bewusst zu erfahren und Gefühle nicht zu verdrängen. Osho vertrat die Ansicht, dass jeder Mensch göttlicher Natur sei und durch Beschreiten eines eigenen, individuellen Weges Erleuchtung erlangen könne.

Seine Lehre umfasst unter anderem von ihm selbst entwickelte Meditations- und Therapietechniken aus der humanistischen Psychologie. Er sagte: *Meditation hilft uns, wach zu sein für das, was in und um uns vorgeht. Sie ist der Weg, um den Geist zu befrieden, uns frei zu machen von den Erwartungen anderer und uns anzunehmen, wie wir sind.* Die dem westlichen Menschen angepassten Techniken sollten – so Oshos Vision – diesem ermöglichen, Meditation in den hektischen Lebensstil zu integrieren, innezuhalten und die Langsamkeit zu entdecken. In der Ruhe lassen sich zum Beispiel auch Entscheide einfacher treffen und die Konzentrationsfähigkeit steigern.

Auch zum Thema Kinder hatte Osho eine klare Meinung. Er forderte immer wieder, den Kindern genug Raum zu geben, damit sie sich selbst entdecken können. Kinder besässen eine natürliche Unbekümmertheit, Freude, Freiheit und Kreativität. Diese wertvollen Eigenschaften würden zu häufig durch den Prozess der Erziehung, dadurch, dass sie »funktionieren müssten«, oder durch ein längst überholtes Schulsystem verschüttet, unterdrückt oder den Kleinen gar ausgetrieben. Der Mut, sich selbst zu sein, würde – so war Osho überzeugt – zurückgebunden oder verspottet. Er durchleuchtete die Eltern-Kind-Beziehung und machte uns die Konditionierungen bewusst. Viele Menschen tragen Verletzungen und Schrammen aus frühen Kindertagen mit sich herum. Diese können zu Angst, Blockaden, Unsicherheit und im schlimmsten Fall zu Depression führen. Oshos Gedanken dazu können auch heute noch eine wertvolle Stütze zur Selbsthilfe sein.

Osho war mit seinen kontroversen Lehren seiner Zeit weit voraus und gilt mittlerweile als einer der bedeutendsten Philosophen, spirituellen Lehrer und Mystiker des 20. Jahrhunderts. Seine Lehre zeigt auf, wie wir Dinge annehmen können, die wir normalerweise reflexartig ablehnen, wie es uns gelingen kann, das, was ist, in einem anderen Licht zu sehen und so den gesunden Diskurs zu fördern, den diese festgefahrene Welt so dringend braucht. Der Verstand liebt es, mit fixen, starren Ideen zu leben – die gilt es zu hinterfragen.

Ich entdeckte Osho erst nach seinem Tod. Was mich faszinierte, war die Verbindung des Weltlichen mit dem Spirituellen. Er hat das nie getrennt und es mit der Figur »Zorba the Buddha« verdeutlicht. Eines meiner Lieblingszitate von ihm ist: *Die grösste Angst der Welt ist die Meinung der anderen.* Kaum einer konnte die menschlichen Irrungen und Wirrungen – sei es im Kopf, Herz oder Körper – besser, witziger und schlüssiger erklären als Osho. Er vermittelte uns das Leben in all seinen Facetten, wie es wirklich ist, und zeigte auf, worin wir uns immer wieder verrennen. Dazu zeigte er Lösungsansätze auf, die greifen. Ich empfehle, seine grossen Werke wie »Mut«, »Freiheit« und »Authentisch sein« zu lesen. Es hilft, zu erkennen, dass es letztlich immer darum geht: Wer bin ich selbst, und was ist alles möglich, wenn ich meinen Weg und nicht den der anderen gehe?

Was meine Wenigkeit angeht: Einen Rolls-Royce hatte ich schon. Ungezähmte Lebensfreude, Heiterkeit, Liebe und Dankbarkeit sind zum Glück Dauergäste. Und was die Erleuchtung angeht: Die kommt hoffentlich noch – spätestens im Jenseits.

Elvis

Vor Elvis gab es nichts.
JOHN LENNON

Fast jeder nicht mehr ganz junge Mensch hat seine Elvis-Geschichte. Hier die meine: Ich bin mit den Beatles, den Stones und Bob Dylan aufgewachsen – Ende der Sechziger galt Elvis noch als zu schmalzig und unhip. Er ging an uns Jungen vorbei wie ein lauer Frühlingswind. Wir wollten ungebremst losrocken und die »Alten« erschrecken. Das gelang uns mit Songs wie »Love Me Tender« und »Teddy Bear« definitiv nicht. Zu viel Vaseline! Wir verstanden sowieso nicht, was die ganze Hysterie um diesen damals übergewichtigen Mann in seinen komischen Glitterpyjamas sollte. Das konnte doch nicht die Zukunft des Rock'n'Roll sein? Was ich damals im jugendlichen Übermut nicht erkannte, war, dass es in seiner Musik um viel mehr ging als um Äusserlichkeiten. Ich wusste noch nicht, dass der ganze Pop, der im Kielwasser von Elvis entstand, wie weggeblasen wurde, wenn der King die Bühne betrat.

Das änderte sich mit einem Schlag am 16. August 1977. Wir waren gerade mit Krokus in Oxford, England, um in Richard Bransons Tonstudio unser drittes Album aufzunehmen. Plötzlich riefen alle nur noch: »The king is dead!« Diese Botschaft löste lauffeuermässig eine Schockwelle und weltweite Trauer aus. Im Studio wurde mir klar: Die Engländer hatten eine starke Verbindung zu Elvis, und die Aufnahme-Crew steckte uns in ihrer

Trauer irgendwie mit dem Elvis-Virus an. Plötzlich fanden wir uns alle nicht mehr vor den Mikrofonen wieder, sondern vor dem grossen Fernsehgerät im Nebentrakt, wo nonstop die News aus Memphis, Tennessee, durchgegeben wurden. Das waren bewegende Momente. Im Laufe der Nacht liefen dann ununterbrochen Wiederholungen seiner Konzerte und alten Interviews mit ihm – und zwar auf allen, damals noch recht überschaubaren Kanälen.

An Schlaf war in dieser Nacht nicht zu denken, und ich erkannte: Elvis hatte einiges, was ihn unsterblich machen wird. Er sah in seinen jungen Jahren sehr gut aus, bewegte sich phänomenal, hatte diesen speziellen Honig in der Stimme und hauchte in seinen Liedern wie kein Zweiter. Er spielte uns nicht Wärme vor, sondern brachte sie wirklich in die Häuser und die Herzen dieser oft kalten, brutalen Welt. Dazu kamen seine Nur-keine-Panik-Einstellung und sein selbstironischer Mutterwitz.

Musik war ausserdem eine Möglichkeit der Flucht aus der Gesellschaft und offenbarte die Kehrseite der Gemeinschaft. Es gab immer Leute, die nicht aufgenommen wurden, egal, wie sehr sie es sich auch wünschten: Tramps, Huren, Säufer, Idioten, Kriminelle und Musiker. Sänger hatten den Vorteil, mit ihrer Stimme über ihr Leid und ihre Sehnsüchte singen zu können und sich bestenfalls so Gehör zu verschaffen. Die Zuhörer sahen möglicherweise ihr eigenes Scheitern und ihre eigenen Mühen im Glanze eines Menschen geadelt, der von ganz unten kam und auf der Bühne alles für sie gab. Gute Musik spendet nicht nur Vergnügen, sondern ebenso Weisheit und Schutz. In jener Zeit war das so einmalig wie die klaren Worte von JOHNNY CASH, der treffend ausdrückte: *Das war die kosmische Revolution gegen die graue, harte Wirklichkeit zugunsten der Romantik.*

In den folgenden Monaten begann ich dann zu erahnen, was Elvis für die gesamte Musikszene bedeutet hatte und warum es nie wieder einen wie ihn geben wird. Es ist mehr als nur seine Musik. Es ist, wie ers brachte – es war sein Gesamtpaket, das uns heute noch umhaut. Dieser Funken, diese Verbindung zwischen Elvis und seinem Publikum, wenn er in seinen Liedern alle ein wenig daran teilhaben liess, wie er Schwäche, Versagen, Sorgen, Altern und die Angst vor dem Tod überwand.

Aufnahmen wie »One Night« und »Heartbreak Hotel« fingen nicht nur einen neuen musikalischen, bis anhin ungehörten Stil ein, sondern spiegelten dazu eine Welt des Risikos, des Willens, der Leidenschaft, der natürlichen Würde. Etwas, das es wert war, gesucht zu werden im grossen und billig-prächtigen Amerika. Das Erste, was Elvis überwinden musste, war im Grunde das Unbedeutende und das Versagen, in das er hineingeboren wurde. Er musste eine Möglichkeit finden, sich selbst abzusondern, den Grenzen seines Geburtsortes Tupelo, Mississippi, zu entkommen und sich neu zu erfinden.

Die Quintessenz von ELVIS war ein überwältigender Ausbruch an echten Gefühlen und Kraft, verbunden mit einer zarten Weigerung, sich selbst auch nur im Geringsten ernst zu nehmen. So konnte er uns in seinem Song »Baby, Let's Play House« jubelnd vermitteln, wie viel und gleichzeitig wie wenig ein pinkfarbener Cadillac wert war. *You may have a pink Cadillac / But don't you be nobody's fool* – Du magst einen pinken Cadillac haben, aber sei niemandes Narr. Er ergriff für beide Seiten Partei. Elvis bezog seine Stärke aus einer befreienden Arroganz, dem Stolz und dem Anspruch, einzigartig zu sein – einem banalen Verständnis dessen, worum es bei »Unabhängigkeit« und »Gleichheit« geht. Kein Mensch ist besser als ich, und dann wieder: »Ich bin nicht besser als die andern.« Bei ihm gab es auch da keine Grenzen. Das reichte für seine Unsterblichkeit. Trotz allen Abgründen, oder vielleicht auch gerade weil er uns diese so schön zeigte, wird er unvergessen bleiben. Er ist irgendwie auch heute noch wie ein alter Freund, der da ist, wenn man ihn braucht. Man hört ihn, und es geht einem gut.

Heute liebt auch meine Tochter Elvis und drückt immer wieder »Can't Help Falling in Love« und »Are You Lonesome Tonight?« auf meiner Jukebox. Der unwiderstehliche Tupelo-Honey verzaubert Kinder, Jugendliche und Alte. Wir alle spüren instinktiv, dass Elvis mehr war als ein Sänger: ein Pionier, ein Prophet und letztlich ein gefallener Engel. Zu Tode gemanagt, ausgesaugt und im innersten Kern viel zu weich, um dem ganzen Wahnsinn, der ihn umgab, Einhalt zu gebieten.

Elvis ist eine der grossartigsten Figuren der amerikanischen Geschichte, weil er am stärksten in die Extreme ging: Er hat uns ein Amerika gezeigt, das tot ist, und gleichzeitig eine unübertroffene Version eines Amerikas, das voller Leben ist. »Das ist das Geheimnis der Demokratie«, sprach der Bürgermeister von Tupelo, als er das Geburtshaus von Elvis feierlich der Öffentlichkeit übergab. »Dass ihre reichsten Früchte aus einem Boden wachsen, den kein Mensch bestellt hat, und unter Bedingungen, die es am wenigsten erwarten liessen.« So wurde ein einfacher Junge, der von Mutterliebe und Gospelliedern durchdrungen war, vom ländlichen Haus-Rocker, wie er sich gerne selbst nannte, zum King of Rock'n'Roll. Als wir Jurasüdfüssler dann später die Ehrenbürgerschaft von Memphis, Tennessee, bekamen, war das vor allem deshalb ein Riesending, weil der King dort gelebt und gewirkt hatte, dort gestorben ist und es im Ort einen Elvis Presley Highway gibt. Die Legende lebt, und wie!

Wenn ich eine grosse Wahrheit vom King mitgenommen habe, dann die: Geh deinen Weg, egal, was die anderen sagen. Aber verurteile keinen Menschen, denn du bist nie in seinen Schuhen gelaufen.

P S   Wer mehr über seine einzigartige Lebensgeschichte erfahren möchte, dem empfehle ich den Film »The King – Mit Elvis durch Amerika«. Schlicht grossartig!

Meh Glück

*Der Mensch kann ungemein glücklich und ungemein
unglücklich sein – und er hat die Freiheit, sich
zu entscheiden. Diese Freiheit ist riskant.*

OSHO

Ab und zu soll man einen Text mit einer grossen Erkenntnis eröffnen. Einer Einsicht, um dem Thema gerecht zu werden. Also – hier kommt der Trommelschlag: *Glück ist das Einzige, das sich verdoppelt, wenn man es teilt.* Diesen weisen Satz sagte der bedeutendste Denker des 20. Jahrhunderts, ALBERT SCHWEITZER. Und meine Wenigkeit erlaubt sich, seinen Gedanken zu ergänzen: »Und ohne Glück ist alles nichts.«

Wenn ich – in meinem Alter – am Morgen jeweils aufwache und mir nichts wehtut, bin ich nicht etwa tot, sondern vor allem happy. Dann habe ich oft schon auf dem Weg zum ersten Glas warmen Wasser, vorbei an meinen verschiedenen Musikinstrumenten und Bildern, ein Lied auf den Lippen. Ich schaue zum Fenster hinaus, erblicke die wunderbare Natur, die Vögel, die vorbeisegeln, den Fussball, der draussen spielbereit auf dem Rasen liegt, und den Jura, der mich im zarten rosa Licht des frühen Morgens zu grüssen scheint. Der Tag kann kommen – ich bin bereit für dieses Geschenk.

Das war nicht immer so. Vielleicht suchte ich diese Zufriedenheit zu sehr, war zu verbissen oder einfach zu sehr im Machermodus drin. Die Begeisterung und Freude, die ich als Kind an den Tag legen konnte, war im Erwachsensein irgendwann einfach verschwunden. »Busy going nowhere.« Geschäftig unterwegs nach Nirgendwo. Ich übersah vieles, und vor allem erkannte ich nicht, dass weniger mehr und die Dankbarkeit der Schlüssel zum Glück ist. Zum Beispiel Dankbarkeit dafür, gesund an einem der schönsten Orte der Welt leben zu dürfen.

In diesen frühen Zeiten machte ich allerdings auch die Erfahrung, dass Pech oder Unglück Chancen sein können. Chancen, sich zu hinterfragen und die Dinge anders anzugehen. Der kanadische Maler und Fotograf DAN STANFORD brachte diese Erkenntnis in folgendem Zitat treffsicher auf den Punkt: *Experience is what you get when you don't get what you want.* – »Erfahrung ist das, was du bekommst, wenn du nicht bekommst, was du willst.«

Im Prozess des Älterwerdens fragte ich mich dann irgendwann, was mich nebst Hektik und Stress eigentlich immer wieder vom Glück abhält. Meine Diagnose: Der Pfad des Glücks wurde mir – und ich bin sicher, vielen weiteren von uns – selten von den Eltern und schon gar nicht von der Schule vermittelt. Schlimmer noch: Das Glücklichsein wurde uns ausgetrieben. Die meisten Kinder erfahren Glück auf eine ganz natürliche Art ohne viel Aufwand, zumindest dann, wenn man sie in Ruhe lässt. Sie können mit wenig spielen und so viel Freude finden, checken instinktiv, dass Zufriedenheit eine Seelensache ist. Ihr Umfeld müsste das nur zulassen, anstatt ständig auf sie einzureden, um sie auf den »richtigen« Weg zu bringen. Ihr Zugang zum Glück, so unverbaut und direkt er ist, wird vom sogenannten Ernst des Lebens leider langsam, aber sicher zugeschüttet.

Viele von uns werden in etwas hineingezwungen, das wir gar nicht wollen, aber angeblich müssen. Warum? Nun, um zu überleben. Wir erkennen oft sehr spät, dass der Weg, den wir eingeschlagen haben, oder einschlagen mussten, der falsche ist und eine Umorientierung nicht nur anstehen würde, sondern dringend notwendig wäre. Wenn jemand Freude hat an seinem Tun und seiner Umgebung – egal, in welchem Beruf –, kommt Zufriedenheit, Glück und Erfolg automatisch. Jeder Mensch hat ein Talent oder eine Gabe. Häufig ist beides nur zugeschüttet oder wird nicht erkannt und gefördert. Wer bei sich genau hinschaut und zurück zu seiner Mitte findet, wird belohnt. Oft braucht es auch einfach Mut und etwas Ausdauer, seinen Weg erst wiederzufinden und ihn dann zu gehen, egal, was die anderen sagen. Der schöne Satz des 2012 verstorbenen belgischen Seelsorgers und Autors PHIL BOSMANS bringt es auf den Punkt: *Blumen des Glücks musst du selber pflanzen.*

Grotesk auch, dass es heute viele Menschen gibt, die sich aus Angstgefühlen heraus gar nicht mehr zu sagen getrauen, sie seien glücklich oder dass sie ihr Leben voll geniessen. Sie haben ein schlechtes Gewissen, weil uns immer wieder eingeredet wird, wie böse und schlecht unsere Welt sei, und uns die meisten Medien ständig von Krisen, angeblichen Weltuntergängen und anderen Schreckensszenarien berichten. Das kann einen schon nach unten ziehen und ist falsch. Die Welt wird nicht besser, wenn wir das Schlechte, Spaltende in den Mittelpunkt stellen.

Wir müssen das Helle, das Lebenswerte, das Erbauliche, den wohltuenden Zusammenklang wieder ins Licht rücken. Das bringt Frieden und Freude. Jeder kann das Glück ergreifen, es ist immer da, tief in uns drin und wartet nur darauf, gelebt zu werden. Verantwortlich dafür sind wir selbst. Niemand anders wird es uns nachhaltig zukommen lassen. Mit Pflicht, Moral und Vorschriften macht man andere und sich selbst nicht glücklich – weil Pflicht, Moral und Vorschriften fesseln, anstatt zu befreien. Der Mensch kann nur »gut« sein und Glück empfinden, wenn der Drohfinger nicht ständig erhoben wird, sondern er Ruhe und Harmonie in sich findet.

Und wer durch ein grosses Unglück, eine schlimme Kindheit oder ständige Seelenmisshandlungen eine Totalblockade oder Depressionen hat, dem hilft vielleicht mein Text »Götterkuss der Wissenschaft« in diesem Buch. Ich hoffe es.

Bhutan. Ein Land, eingeklemmt zwischen Indien und China und flächenmässig etwas kleiner als die Schweiz, gilt als das glücklichste Land der Welt. Es hat knapp ein Zehntel der hiesigen Einwohnerschaft und folgt dem Prinzip des »Bruttonationalglücks«. Es misst seinen Erfolg also daran, wie glücklich die Bevölkerung ist, und nicht an seiner wirtschaftlichen Entwicklung, dem Bruttoinlandprodukt. Mit anderen Worten: In Bhutan hat man beschlossen, sich gelassen vom Wahn des Immermehr-und-mehr abzuwenden. Möge es gelingen und auf die ganze Welt überspringen!

Was unser Dasein lust- *und* wertvoll macht, hat mit dem Fühlen und dem Erleben zu tun. Glück ist eine Bewegung der Seele. Sie besteht aus Empfindungen, nicht aus Geld oder Macht. Genau darum plädiere ich für »meh Glück«. Es liegt in uns, wir müssen es nur spüren und hervorholen. Also: rein in die Herzkammer! Und wem das schwerfällt, der soll doch einen Augenblick daran denken, wie kurz das Leben ist.

Ich fühle mich gesegnet, sagen zu können, dass ich inzwischen im Glück angekommen bin. Das hat mit mir selbst, meiner Tochter, meinen Freunden, der Musik, aber auch mit meiner Liebsten zu tun. Und mit kleinen grossen Dingen, die ich im Alltag mit ihr erlebe. So überbrachte sie mir gestern einen wunderschönen Blumenstrauss und sagte: »Du bist echt mein grösstes Glück und bringst so viel Freude in mein Leben. Ich spüre, dass du mich erkennst und für das liebst, was ich bin.« Wow! Wenn solche Worte keine Glücksgefühle auslösen!

Wann wart ihr, liebe Leserinnen, liebe Leser, zum letzten Mal so richtig glücklich? Ich hoffe, ihr müsst nicht zu lange grübeln, um es herauszufinden.

Schneezauber

Leise rieselt der Schnee.
EDUARD EBEL

Manch ein Frühling bereicherte mein Leben. Ich habe magische Sommer genossen und wunderschöne Herbsttage erlebt. Mit den Wintern hingegen hatte ich schon immer etwas Mühe. Oft sind sie grau, immer wieder frostig, und die Blockflötengesichter haben Hochsaison. Auch ich gehöre in dieser Jahreszeit manchmal zu dieser Spezies und verziehe mich gern in die warme Stube, um mir Inspiration in inneren Welten zu holen. Aber – jetzt kommts: Nichts beflügelt meine Seele, liebkost meine Augen und schont meine Ohren so sehr wie Schnee. Ich bin ein hoffnungsloser Schnee-herbei-Wünscher. Darum auch dieses Buchcover.

Es soll mir ja keiner auf die Idee kommen, Frau Holle eine Nähmaschine oder gar neues Bettzeug zu schenken. Sonst kriegt er es mit mir zu tun! Meine Kioskfrau ist zwar entgegengesetzter Meinung, sie hätte lieber ewig Sommer, aber mein Credo, um den Winter zu überleben, war schon immer: Das Frieren macht nur Sinn, wenn es Schnee dazu gibt. Da ich nicht in den wunderbaren Bergen wohne, ist es für mich jedes Mal ein kleines Wunder, wenn er tanzend vom Himmel in diese trübe Welt des Unterlandes fällt und aus Bäumen und Büschen einen weissen Märchenwald, ein Land der Unschuld zaubert. Und wenn es dann daliegt, dieses leuchtende Weiss, vor meiner Haustür, staune ich.

Schnee ruft Sanftmut und Stille hervor, im Innen wie im Aussen. Automatisch halte ich inne. Diese Gedämpftheit des Alltagslärms und die Farben des Lichts, das sich in seinen Kristallen bricht, sind einfach grandios! Auch die Geräusche, die der Schnee erzeugt, wenn ich zwischen garnierten Tannen spaziere und es unter meinen Füssen knirscht, liebe ich. Mein Favorit ist das Gerassel von Schneeketten an Winterreifen. Herrlich! Entsprechend geht es mir auf den Geist, wenn der Zauber des Winters von Banausen gestört wird, die das Glitzern und Funkeln, die ganze Magie, übersehen und nüchtern oder abgelöscht von der »Sauerei« sprechen, die das weisse Nass bringe. Aber vielleicht fehlt diesen Schneemotzern schlicht ein Erlebnis, wie ich es Weihnachten 1967 hatte. Es war Nacht. Es schneite. Und ich – sechzehn Jahre alt – packte mein Geschenk aus, das weisse Doppelalbum der Beatles, spielte all die neuen Songs rauf und runter und blickte immer wieder aus meinem Fenster hinüber zur Strassenlaterne. Während Paul McCartney »Blackbird« sang, tanzten die Schneeflocken wie wild zu den göttlichen Klängen, die aus meinem Batterieplattenspieler kamen. Ich habe selten etwas Schöneres erlebt als dieses Gefühl von Geborgenheit, Freude und Zuversicht.

Als Kind brachte mich der Schnee auf mindestens tausend Ideen und Fantasien. Ich erinnere mich genau, wie ich mir wünschte, dass es so lange schneien möge, bis man nur noch durch freigeschaufelte Tunnels von Haus zu Haus huschen könnte und der ganze Erwachsenenzirkus da draussen komplett zum Erliegen käme oder in Tiefschlaf verfiele. Die Schule würde ausfallen, und wir könnten endlich nur noch spielen. Paradiesisch war es aber schon, wenn die Schneedecke so dick war, dass sie meine kleine Welt in eine Schaumstoffmatte verwandelte und ich darin hemmungslos Saltosprünge üben oder mich als Schneewalze einen Hügel hinunterrollen konnte. Mit dem Grossvater riesige Schneeballen loszutreten, war neben dem Bauen von unförmigen Schneemännern der Klassiker schlechthin. Später kamen dann die Iglus und die nächtlichen Schlittenrennen hinzu. Selbstverständlich musste der Schnee auch gekostet werden. Und – wer kennt es nicht – immer wieder legte ich mich auf dem Rücken in den Schnee, schwenkte Arme und Beine und erschuf mir meinen eigenen Schutzengel.

Erwachsene erblühen zuweilen auch in jugendlicher Frische, wenn sie sich ins Schneeparadies begeben. Obwohl sonst eher ein Volk von Gfrörlis und Stubenhöcks, zieht es viele von uns auf schneesichere Hügel, wo wir uns wie früher mit Schneebällen attackieren und in kurligen Varianten über Abhänge rutschen können. Sogar diejenigen, die sich sonst gern eher leicht geschürzt in den Medien dieser Welt präsentieren, schlüpfen plötzlich in klobige Moonboots und ziehen farbige Kaffeewärmer über ihre kostspielig behängten Öhrchen, wenn der Schneegott ruft. Abends, wenn sich die illustren Gäste ihre gelangweilten Näschen mit einer weissen Linie von innen pudern, sprechen sie in diesem Zusammenhang auch gerne von Schnee. Na ja, Schnee, richtigen Schnee, empfinde ich heute mehr denn je als puren Balsam für die arg gequälte und gestresste Seele.

In den letzten Jahren war der Schneezauber im Flachland leider eher spärlich. Nur hie und da ein paar wenige Tage weisse Seligkeit. Viele schreiben dies dem Klimawandel zu, andere wiederum prophezeien uns wieder kältere Jahre. Mit dem Schnee-Entzug muss ich mich wohl auch künftig abfinden – oder halt dem Beispiel meiner Nachbarn folgen, die regelmässig nach Finnland pilgern. Da streikt Frau Holle zwischen November und April nie.

Doch auch im Schnee ertönen irgendwann die letzten Takte. Das perfekte Outro meines Winterhits sieht so aus, dass aus der schmelzenden Schneedecke bereits die ersten Schneeglöckchen und Winterlinge ihre spitzen Gwundernasen hervorstrecken – dicht gefolgt von den Krokussen, die den widerspruchslosen Schlussakkord schmettern.

Hallo, Tod

*Wir müssen uns das Leben wie einen Fluss vorstellen:
In diesem Fluss gibt es einen Punkt, der »Geburt«
genannt wird, und einen, der »Tod« genannt wird,
aber der Fluss fliesst weiter. Der Fluss geht über den
Tod hinaus, der Fluss ging der Geburt voraus.*

OSHO

Die Zeit ist ein hinterhältiges Biest. Sie scheint uns geistig reifen zu lassen, um im Gegenzug den Körpersäften den Hahn zuzudrehen. Ein Fakt, den man zum Glück als Jungfuchs locker ignoriert, weil er in weiter Ferne zu scheinen liegt. Nun, ob es uns in den Kram passt oder nicht – wir schreiten während unseres Lebens Tag für Tag Richtung Tod. Und Mama Natur versucht, uns zunehmend etwas madig zu machen, indem sie nach und nach unsere Augen, Zähne, Muskeln und Knochen erodieren und die Haut erschlaffen lässt. Irgendwann ist es dann so weit, und es wird endgültig heissen: Adiós amigos!

»Frieden« ist ein mehr als positives und angenehmes Wort und ebenso »Hof«. Als wortsensibler Mensch assoziiere ich behagliche Bilder damit. Wenn man also beide zu einem einzigen Wort zusammenfügt, klingt dies nach wohliger Geborgenheit und gutem Aufgehobensein. Wer möchte sich nicht in einem friedlichen Hof zur Ruhe legen? Eine lauschige Grabstätte hätte also durchaus Charme, vor allem für die, die gerne mal vorbeischauen würden. Einen Grabspruch hätte ich schon: »Room service, please!« Trotzdem weiss ich noch nicht, ob meine Überreste dereinst auf einem Friedhof eingetopft werden sollen. Ich will noch klären, wie es meine Liebsten gern hätten. Denn sollte ich künftig in irgendeinem anderen Aggregatszustand in höheren Sphären umherrauschen, werde ich wohl andere Dringlichkeiten haben, als zu überprüfen, ob meinem irdischen, zur letzten Ruhe gebetteten Ego Genüge getan wurde. Aber wie gesagt, da herrscht noch etwas Nebel.

Was nach dem letzten Atemzug passiert, kann ich nur erahnen, aber ich glaubte schon immer an ein Leben *vor* dem Tod. Was wir erleben dürfen, ist spannend und grossartig, jeder Tag kostbar. Wenn wir das Leben verraten, es also nicht auskosten, ist das wie ein vorgezogener Tod. Was ich bis zum heutigen Tag erleben durfte, war und ist überwältigend. Ich respektiere, dass es ein Wunder ist, und ich fühle mich meist alive und happy. Lebendige Tote meide ich. Mit grosser Wahrscheinlichkeit werde ich nach meinem Sterben für die noch Lebenden tot sein. Auf jeden Fall erlöst. Ich gehe noch weiter: Wir werden alle Engel. An Höllenfantasien habe ich nie geglaubt. Den »highway to hell«, die oft heraufbeschworene oder als Drohgebärde inszenierte Hölle, gibts nur hier auf Erden; sie ist menschengemacht. Im Jenseits ist Ruhe und Frieden, und die Irrungen und Wirrungen sind für uns Menschen beendet. Davon bin ich felsenfest überzeugt.

Wie auch immer, für mich ist eines klar: Vor dem Ego kommt die Verantwortung. Jeder Mensch kann sich bereits in mittelalterlicher Frische mit der Frage beschäftigen, was zu regeln ist, um den Hinterbliebenen unnötigen Ärger zu ersparen. Doch bedauerlicherweise wird dies viel zu oft versäumt. So erfahre ich Geschichten von Angehörigen, die erst nach dem Todesfall über die Eigentumsverhältnisse von Verstorbenen in Kenntnis gesetzt werden. Manche Familienangehörige fallen gar aus allen Wolken, weil sie sich erstmalig mit »fremdem« Vermögen, mit Hypotheken von anderen und eventuell gar Schulden oder – wenn der Partner gestorben ist – mit Pensionskassenbeträgen befassen müssen, die ausbezahlt werden oder auch nicht. All das zur richtigen Zeit geregelt, so wären viele Sorgen und Unklarheiten vermeidbar.

Als neugieriger Mensch weiche ich vor Gesprächen rund um den Tod nicht zurück. Im Gegenteil: Ich rede sogar mit dem Tod selbst. Und mein Freund Udo Lindenberg machte in seinem Song »Wieder genauso« einen Deal mit ihm. Reinhören! Ja, ich würde es begrüssen, wenn offener über das Unvermeidliche verhandelt würde. Wir christlich geprägten Menschen scheinen hier aber eine endogene, fast schon spastische Lähmung zu haben. Je zivilisierter, vom Wohlstand verwöhnter ein Volk lebt, desto spiessiger benimmt es sich, wenn über das Lebensende gesprochen wird. Die unnatürlichsten sexuellen Praktiken werden heute hemmungslos durchgehechelt – beim völlig natürlichen Sterbevorgang jedoch ist man wortfaul und gehemmt. Ich neige zu der Vermutung, dass wir den Tod bereits derart in die abgelegenen Sterbezimmer und Hinterhöfe der Spitäler und die Leichenwagen in die Abend- und die Morgendämmerung gedrängt haben, dass wir mit der Illusion leben, um uns herum werde überhaupt nicht gestorben.

Einem Menschen in seinen letzten Stunden beistehen zu dürfen, ist übrigens eine grosse Ehre und ein eindrucksvolles, tiefes Erlebnis, ähnlich einer Geburt, nur weniger erfreulich. Und wenn man sich anschliessend eine Auszeit nimmt, um ihn zu betrauern, sich an das, was war, zurückzubesinnen und den Film des gemeinsamen Weges noch mal laufen zu lassen, so ist das für mich die höchste Stufe der Melancholie: traurig und irgendwie schön zugleich. Gepaart mit einem Gefühl der Dankbarkeit für den lieben verstorbenen Menschen. Und – wenn man dankbar ist, ist es unmöglich, unglücklich zu sein. Trotzdem fehlen mir, je älter ich werde, einige Wegbegleiter, die mir nahestanden und bereits vorausgingen. Der schöne, kreative Austausch mit genau ihm oder ihr fehlt. Jeder Mensch ist in seiner Art einmalig und unwiederbringbar. Man kann da schon, wie es Büne Huber ausdrückt, »sick of goodbyes« werden. So ist das Leben. Fast alle verlassen dich, damit müssen wir klarkommen.

Was nach dem Sterben folgt, ist oft eher ein Graus für mich, denn für Beerdigungen im konservativen Sinn habe ich nichts übrig. Wie wir in unseren Gefilden Trauerfeiern pflegen, gefällt mir nicht. Sie sind eine starre und verhärtete Angelegenheit, die dem Verstorbenen sehr selten wirklich gerecht wird. Wenn da plötzlich Massen von Menschen auftauchen, um zu sehen und gesehen zu werden, dann verspüre ich einen Fluchtreflex. So sehr ich die Offenheit schätze – Voyeurismus und Heuchlertum mag ich nicht. Wenn ich mich bei einem Mitmenschen zu seinen Lebzeiten kaum habe blicken lassen, dann brause ich auch nach seinem Tod nicht heran. Und stand mir ein Mensch wirklich nahe, dann warte ich auf eine Einladung seiner Nächsten, falls sie mein Erscheinen wirklich wünschen, und wenn nicht, dann mache ich meine eigene Abschiedszeremonie.

Zum Glück gelang die Beerdigung meiner lieben Mutter. Dechen Shak-Dagsay sang tibetanische Mantras, und mit ihrer herzvollen Anwesenheit überstrahlte die sympathische Musikerin die ganze schöne Szenerie. Daran denke ich gerne zurück. Ich erlebe auch immer wieder, dass Tote gar nicht tot sind. Sie begleiten mich nach wie vor, und ich verbinde mich gerne mit ihnen und mit all dem, was uns einst verband. Ich finde das tröstlich. Wirklich tot auf Erden bist du erst dann, wenn alle dich vergessen haben.

Der Tod ist vom Moment der Geburt an unser ständiger Begleiter, und wir sollten uns mit ihm versöhnen. Er erinnert uns daran, wie wertvoll und kostbar das zeitlich Begrenzte ist. Verschwenden wir also keine Zeit damit, uns vor ihm zu fürchten. Nehmen wir ihn lieber als »special friend«, der uns immer wieder daran erinnert, dieses einmalige Leben voll auszukosten. Und ein bisschen freuen auf den Tod, auf die grosse Entspannung, dürfen wir uns schon. Und wenn das nicht gelingt, dann sollten wir wenigstens versuchen, ihn nicht zu verdrängen.

Übrigens: Ihre Musik mag ich nicht besonders, aber den Namen der US-amerikanischen Rockband finde ich genial: Grateful Dead – Dankbare Tote!

Götterkuss der Wissenschaft

Was kann der Mensch im Leben mehr gewinnen,
als dass sich Gott Natur ihm offenbare.
JOHANN WOLFGANG VON GOETHE

Mein ehemaliger Studienfreund, notabene der Sohn eines Bundesrates, schmiss mir 1967 eine LSD-Pille in den Hagebuttentee. Eine – sehr kurz zusammengefasst – halbsynthetische Substanz aus dem Mutterkornpilz, ein paar Jahre zuvor entdeckt vom Basler Chemiker Albert Hofmann. Was ich in den nächsten Stunden erlebte, war beachtlich. Welten taten sich auf, die – wenn überhaupt – nur durch extremes Fasten, bewusstseinserweiterndes Yoga oder intensives Meditieren erreichbar sind. Geistige Grenzen und Gesetze wurden flugs durchbrochen, Blockaden gelöst. Ich fühlte die Urquellenergie und betrat ein übersinnliches Reich. An diesem unvergesslichen Frühlingstag sah ich Blätter atmen, sprach mit Hunden, beobachtete Wolkenbilder biblischen Ausmasses, VW-Käfer lachten mich an, ich hörte Musik, die es noch gar nicht gab, und wanderte auf dahinschmelzenden Trottoirs. Die Natur und ich – wir waren ein grosses Ganzes. Eine kosmologische Bewusstseinsebene, erfüllt von Leben. Da war alles drin, was die universelle Schöpfung so draufhat. Alle Tore der Wahrnehmung wurden geöffnet, und das Staunen, das uns im Alltag leider oft abhandenkommt, war voll da. Es war ein Gefühl von Freiheit – eine Astralreise zu mir selbst.

Dann kam Woodstock und die Zeit, in der die Liebe und der künstlerische Ausdruck auf ein neues, zügelloseres Level gehoben wurden. Da gehörte LSD natürlich auch dazu. Die grössten Musiker, die mit dem Stoff experimentierten, komponierten nach ihren Trip-Erfahrungen Songs wie »Purple Haze« (Jimi Hendrix), »Sunshine of Your Love« (Cream), »Visions of Johanna« (Bob Dylan), »Speak to Me« (Pink Floyd), »She's a Rainbow« (The Rolling Stones) und »Tomorrow Never Knows« (The Beatles). Der Einfluss des Halluzinogens war schon an ihren Album-Umschlägen zu erkennen. Das war Avantgarde – ein Lebensgefühl jenseits aller falschen Versprechen unserer Konsumgesellschaft.

Im jugendlichen Entdeckertrieb gelangten wir dank LSD völlig unerschrocken an all die vom Verstand beiseitegeschobenen, zugeschütteten, verdrängten Sehnsüchte und entdeckten unsere Potenziale. Erforschten andere Wirklichkeiten mit all ihren Facetten und höheren Zusammenhängen. Wir befreiten uns von der Vergangenheit ebenso wie von der Zukunft, erfuhren die Beglückung, voll im Hier und Jetzt zu sein. Ich empfand es so: Raus aus dem »Schlaf mit offenen Augen«. Die Botschaft des intergalaktischen Mutterschiffes war mir sofort klar: Das wirklich grosse Ding ist das Sein und nicht das Haben. Vertraue weder den Eltern, den Lehrern, den Politikern noch den Medien, sondern in letzter Instanz nur dir und deinem Herzen!

Wir hatten – neben dem Chemiker Albert Hofmann und seiner Entdeckung – aber auch noch literarische Richtsterne. Die Bücher von Hermann Hesse, Jack Kerouac, Aldous Huxley sowie »Das tibetische Totenbuch«. Und – nicht zu vergessen – den Harvard-Dozenten, Psychologen, Autor und Alchemisten des Geistes, den Guru der Hippie-Bewegung: Timothy Leary aus Springfield, Massachusetts. Sein weltweit bekanntes Buch »Politik der

Ekstase« lag in jedem experimentierfreudigem Hippie-Haushalt. Es enthielt Texte zum Verständnis der bewusstseinserweiternden, psychedelischen Drogen und der Notwendigkeit der gegenwärtigen Bewegung gegen das herrschende Establishment. Sein Mantra »Turn on, tune in, drop out« – »Anmachen, einschalten, aussteigen« –, verbunden mit seinen provozierenden Thesen über die zukünftige Entwicklung unserer Gesellschaftsordnung und ihre politische, wissenschaftliche und religiöse Problematik, machten Leary in den prüden, kriegswütigen Vereinigten Staaten schnell zum Staatsfeind Nummer eins.

Mehr noch: Der damalige US-Präsident Richard Nixon erklärte ihn zu »einem der gefährlichsten Männer der Welt« und zum »gefährlichsten Mann Amerikas«. Und so kam es, wie es kommen musste: Der Freigeist landete im Gefängnis. 1970 gelang ihm die Flucht nach Algerien und von dort, im Mai 1971, in die Schweiz, wo er den Schweizer Autor und Mythenforscher Sergius Golowin traf. Und – Polo Hofer. Dieser erzählte mir von langen Nächten im Berner Oberland und wie es dazu kam, dass der Amerikaner einen Rumpelstilz-Song in Auftrag gab. Leary, übrigens der Patenonkel der Schauspielerinnen Winona Ryder und Uma Thurman, floh später über Wien nach Afghanistan, wurde 1973 in Kabul verhaftet und an die USA ausgeliefert, wo er bis 1976 inhaftiert blieb. Nach seiner Entlassung trat er vor allem als Publizist und Schriftsteller in Erscheinung. Er starb im Alter von fünfundsiebzig Jahren in Kalifornien. Sieben Gramm seiner Asche wurden – zusammen mit der von vierundzwanzig weiteren Verstorbenen – mit einer Pegasus-XL-Rakete zwecks Weltraumbestattung ins All geschossen.

Leary wusste, dass die Entdeckung des LSD, das er als grösstes Aphrodisiakum einstufte, hochgradiger Sprengstoff war, und er war sich sicher, dass diese Droge der westlichen Psychologie die Türen zur Seelenkunde des Überbewussten öffnete und zudem die Möglichkeit der direkten Auseinandersetzung mit den psychologischen Erkenntnissen anderer Kulturbereiche bot.

Es gab für ihn keinen Zweifel, dass LSD eine spirituelle Renaissance anschob. Und tatsächlich: Millionen von Menschen aus allen sozialen Schichten gingen auf eine psychedelische Reise in ihre innere Welt, »erwachten« und machten die Erfahrung einer multidimensionalen Wirklichkeit. Entfernten sich vom ewig betriebsamen Ego, spürten den Zauber der Ichlosigkeit und wurden sich ihres göttlichen Ursprungs gewahr. Was, so Leary, den Menschen dauerhaft auf eine höhere Bewusstseinsebene bringen und vieles zum Positiven verändern könne.

Es gab aber auch viele Kritiker, die den LSD-Messias als eine Art Sektenguru und Verherrlicher der Droge abtaten. Sie verteufelten ihn mit ihrer Angstpropaganda und mit ihm das LSD – und dies ganz ohne breitere wissenschaftliche Fakten. Wie jede andere Lichtfigur hatte Leary also Feinde, allerdings auch zahlreiche ausser Rand und Band geratene Anhänger. Manche übertrieben es mit dem Konsum von LSD ebenso wie mit dem Kult, der um die Droge entstand. Sie verstanden, analog zur ganzen Hippie- und Achtundsechziger-Bewegung, die Botschaft falsch. Sie rebellierten, flippten kurz und heftig aus, hatten ein paar Freak- und Space-outs und kehrten dann ziemlich desillusioniert wieder ins normale Nine-to-five-Leben zurück.

Egal, auch wenn sie bei ihrem Ausflug in die innere Welt nie bei sich ankamen und die Selbstverwirklichung nicht gelang, hatten sie wenigstens ein paar Monate oder Jahre Spass. Leary betonte übrigens immer wieder, dass LSD nur ein temporäres Hilfsmittel sei und die wirkliche Arbeit *nach* der Erfahrung beginne.

Interessant ist, dass LSD, das am Anfang völlig legal war, von Politikern und Gesetzmachern plötzlich als Teufelsdroge verschrien und schliesslich verboten wurde. Zu gross war die Angst, der Steuerzahler könnte das System hinterfragen und vom »Arbeitssklaven« zum ungehemmten Individualtänzer mutieren oder der Arbeitswelt gar ganz den Rücken kehren. Man wusste genau, dass dieser Stoff den ganzen menschlichen Zwangstrott, die Bereitschaft, Kriege zu führen, und den Bestand der etablierten Ordnung bedrohen könnte. Und was nicht der gesellschaftlichen Norm entspricht, das macht Angst.

Geradezu kriminell mutet es an, dass die Amerikaner LSD an ahnungslosen Soldaten ihrer Armee testeten. Fazit: unbrauchbar für Kriegereien. Die Entdeckung Hofmanns wurde zum roten Tuch, obwohl sie bedeutend weniger gesundheitsgefährdend ist als Alkohol, Tabak oder viele andere Wohlfühl-Opiate wie Morphin und Heroin. Die Gefahr der Sucht oder über sie in harte Drogen einzusteigen, liegt, genauso wie die Gefahr einer Überdosis, im Gegensatz zu anderen Rauschgiften quasi bei null. Trotzdem ist LSD heute, wo Verbote und staatliche Zwangsverordnungen wieder im Kurs sind, immer noch illegal und wird es wohl auch noch lange bleiben.

Ausgerechnet in der Schweiz, anders als in den meisten anderen Ländern, findet jedoch seit Jahren ein Umdenken statt. Zumindest dürfen hier wenige ausgesuchte Ärzte und Universitäten die Substanz mit einer Ausnahmebewilligung vom Bundesamt für Gesundheit (BAG) zu medizinischen Untersuchungen und – begrenzt – auch zu therapeutischen Zwecken in der Psychiatrie anwenden.

LSD ist ein Hoffnungsträger für Menschen, die unter Depressionen, Angstgefühlen, psychosomatischen Krankheiten oder Zwangsstörungen leiden. Ungeeignet ist es jedoch für Probanden mit psychotischen und bipolaren Störungen. Untersuchungen, wie die Droge positiv eingesetzt werden kann, laufen, aber die Hürden sind extrem hoch. Rechtliche, regulatorische und hohe finanzielle Hindernisse müssen überwunden werden. Viele Forscher fürchten auch, ihren Ruf zu schädigen, wenn sie LSD bei Patienten einsetzen würden. Sie befassen sich lieber zuerst mit den historisch weniger belasteten Substanzen wie zum Beispiel Psilocybin (Magic Mushrooms). Doch langsam, aber sicher dreht der Wind. Man wagt sich immer mehr an LSD heran und glaubt, dass es in drei bis fünf Jahren – rezeptpflichtig – erhältlich sein wird.

Legal wird LSD in der Schweiz heute erst bei wenigen Patienten pro Jahr angewendet. Wie viele Menschen illegal mit dieser Substanz in andere Sphären eintauchen, ist schwer einzuschätzen, aber – ich bin sicher – es sind einige. Der Solothurner Psychiater Peter Gasser darf vom BAG bewilligte Patientenstudien durchführen – er tut es mit Erfolg. Schlechte Trips gabs nach seinen Aussagen bisher keine. Im Gegenteil. Der erfahrene »Tripsitter« wie er auch genannt wird, begibt sich – er selbst natürlich im nüchternen Zustand – zwei- bis dreimal pro Jahr mit Hilfesuchenden auf eine mehrstündige Reise und sorgt dabei für die nötige Betreuung. Der neue medizinische Ansatz ist eine Erfolg versprechende Alternative oder Ergänzung zu den üblichen Psychotherapien, die teilweise mit nicht unproblematischen Psychopharmaka arbeiten, die Leidende in erster Linie stillstellen und deshalb auch immer wieder in der Kritik stehen. LSD hingegen kann nachhaltig helfen, zumindest dann, wenn Indikation, Dosierung, Führung und Umgebung stimmen.

Fast fünfzig Jahre sind bei mir ohne LSD vergangen. Ich brauchte dieses Zauberelixier nicht mehr, da ich das Staunen, das Sehen der Schönheit und die natürliche Neugier seit den wilden Sechzigern nie mehr verloren habe. Trotzdem wollte ich noch einmal einen Selbstversuch, ein Experiment wagen, um zu erkunden, wie diese Substanz heute auf mich wirkt. Ich hatte grosse Ehrfurcht und natürlich ein paar Bedenken, aber was konnte schon passieren? Meine Liebste war an meiner Seite, und die Dosen sind heute präziser, nach Wunsch auch in Mikroform via Psychedelikashop im Internet erhältlich. Ich fühlte mich bereit dafür. So wurde es dann ein äusserst ruhiger und eindrücklicher Trip mit ein paar Farb- und Lichtspielen. Ich blickte aus meinem Fenster auf die zweihundert Millionen Jahre alte Jurakette, und dank der kleinen Portion Chemie machte sich in mir ein Vorgefühl des Ewigen breit.

In meiner Jugend war LSD der »Büchsenöffner« zu meiner Seele und meinen Träumen. Nach dem Einblick in den ewigen Schöpfungsgrund war ich ein anderer Mensch. Ich sah die Welt plötzlich in einem neuen Licht und fand endlich meine Identität, *meinen* Weg. Es war eine Bestätigung dessen, was schon immer in mir war, aber nicht an die Oberfläche kommen konnte. Durch die damalige Erfahrung wurde ich ermutigt, frische Überlegungen anzustellen und sie auch umzusetzen. Es half mir, meinem Alltag Sinn zu geben und die Dinge von dort aus intuitiver und vor allem zuversichtlicher anzupacken. Ich begann, meinen Traum zu leben, und zwar ohne LSD.

Der Musiker STING sagt treffend: *Ich glaube nicht, dass Psychedelika die Antwort auf unsere Weltprobleme sind – aber sie könnten ein Start sein.* Tatsächlich würde etwas LSD dieser verwirrten, aggressiven Welt von heute guttun. Dem »Vater« Hofmann und dem »Apostel« Leary verdanken wir einiges. Die beiden erkannten, dass LSD Menschen den Bezug zur Natur, zur Mystik und zur Schöpfung zurückgeben und die Überwindung unseres dualistisch geprägten Weltbildes fördern kann. Dass LSD zudem ein Zugang zu mehr Lebensfreude ist und gleichzeitig auch der Schlüssel dazu, mit der Hoffnung sterben zu können, dass alles richtig ist, wie es ist. Dass ein erweitertes Bewusstsein als Grundlage für eine friedlichere Welt entstehen kann, gepaart mit der Möglichkeit, die Schöpfung bewusster zu erleben und nicht einfach blind durch das Paradies zu gehen. Beide Pioniere waren immer überzeugt, dass die Zeit von LSD als Medizin für die Seele, in richtiger, respektvoller Anwendung, noch kommen würde. Wir – und davon bin ich überzeugt – stehen kurz davor.

Oldies but Goldies

Die Seele kommt alt zur Welt und wird jung. Das ist die Komödie des Lebens. Der Leib kommt jung zur Welt und wird alt. Das ist die Tragödie des Lebens.
OSCAR WILDE

Eltern hat man nur einmal. Als meine noch lebten, habe ich mich beim Vorbeifahren an ihrem Häuschen immer gemahnt: »Vergiss nicht, schon bald sind sie nicht mehr da.« Zugegeben, oft war ich zu beschäftigt, um anzuhalten. Etliche Male aber machte ich auch einen Boxenstopp. Zum Glück, sonst würde ich heute zu den Menschen gehören, die den Lebenswinter ihrer Eltern verpasst haben. Als ich dann jeweils in mein Elternhaus eintrat, musste ich erst einmal mein Tempo und meinen Aktivismus drosseln. Wirklich volle Anwesenheit und Zuhören war angesagt. Das fiel mir nicht immer leicht, weil mein Rhythmus und meine Lebensinhalte sich stark von den ihren unterschieden. Meine Eltern sprachen von grossen und kleinen Problemen des Alltags im fortgeschrittenen Alter. Häufig repetierten sie die ewig gleichen Sätze, legten die gleichen Pausen ein, nannten gleichbleibende Sorgen. Es wurden fast Monologe, die eine richtige Diskussion nicht mehr zuliessen.

Es ging mir bei meinen Besuchen aber nicht um Worte und Inhalte, sondern um meine Haltung und meinen Respekt ihnen gegenüber und darum, bewusst zugegen zu sein. Das war allerdings oft auch eine Herausforderung. Manchmal schritten wir wie in Trance durch die fünf Räume ihres kleinen Häuschens am Dürrbach, wo wir so viel zusammen erlebt hatten. Schultheater, Geburtstage, Erziehungsghetto, Weihnachten, Zukunftspredigten vom Vater, Kuchen und Tee von der Mutter... Viel Schönes, aber auch weniger Erbauliches. Während meiner Rebellenjugend kämpfte ich tagtäglich um »meine« Musik, »meinen« Kleidungsstil und das Recht auf ein freies, eigenständiges, selbstbestimmtes Leben. Es waren starke Momente, die mich wohl – auch wenn ich das damals anders sah – auch geformt haben. Mit Widerständen zu kämpfen, machte mich stark und half mir schliesslich, »all in« zu gehen und meinen Traum zu leben. Ja, meine Eltern trugen auf ihre Art dazu bei, dass ich meinen Weg finden konnte. Der Platz, an dem ich aufwuchs und meine Eltern bis zu ihrem Tod lebten, hatte diesen bestimmten Zauber – etwas Schicksalhaftes. Wohl auch deshalb berührte mich jeder Besuch im Innersten.

Ich realisierte bald, dass auch meine Eltern zunehmend wie kleine Kinder wurden: rührend, herzlich, launisch und oft auch hilflos. Wenn ich mich dann jeweils wieder verabschiedete, hatte ich stets denselben Gedanken: »Hey, Chrisibär, so wirst du vielleicht auch einmal!« Wir mit unserer grenzenlosen Überschätzung der Jugend, des Tatmenschen und des materiellen Erfolgs neigen dazu, den Abend des Lebens geringzuschätzen oder gar so zu tun, als käme er nur auf die anderen, aber nie auf uns selbst zu. Dabei können wir »Mittelalterlichen« so viel von den Älteren lernen: Ruhe, Gelassenheit und die Gabe, mehr zu geben. Ältere Menschen sind nicht einfach Kinder mit Rückenschmerzen! Da ist mehr, viel mehr. Ich glaube, man kann im Leben eine genaue Grenze zwischen Jugend und Alter ziehen. Die Jugend hört auf, wenn Egoismus sich breitmacht, das Alter beginnt mit dem Leben für andere.

Das Altwerden an sich ist ein natürlicher Prozess – das wissen der Doktor und der Philosoph. Ein Mann von fünfundsechzig bis fünfundachtzig Jahren ist – im besten Fall – durchaus ebenso gesund wie einer von dreissig oder fünfzig Jahren. Wir sind mit unserem Alter nicht immer auf derselben Stufe wie unsere Lebensuhr. Wir eilen ihr entweder innerlich voraus, oder noch öfter bleiben wir hinter ihr zurück. Die Kunst ist es, eine gesunde Balance zu finden und ihr feines Ticken richtig zu deuten. Zu erahnen, wann etwas im Leben beginnt und wann etwas zu Ende geht. Machen wir uns nichts vor: Das Alter ist kein Zuckerschlecken, da gibt es nichts zu beschönigen. Da müssen wir durch. In unseren Breitengraden schieben wir die Älteren oft in Heime und Pflegestätten ab, weil uns die Zeit fehlt und wir die sicher oft auch unangenehme Pflege und Begleitung lieber delegieren. Eine fragwürdige Haltung, wie ich finde. Aber klar, welcher Mensch mit Job und Kindern kann sich in unserer westlichen Welt schon die Zeit nehmen, wie es zum Beispiel die Angehörigen in Bali, Thailand oder Tibet tun, wo die Alten ganz anders gesehen werden? Früher, ja früher, da hatten wir das »Stöckli«, eine schöne Einrichtung, aber eben leider nicht mehr zeitgemäss.

In meinem Quartier begegne ich ab und zu einer sanften Frau. Sie ist sechsundneunzig Jahre alt und kann sich nur noch mit dem Rollator fortbewegen. Täglich dreht sie ihre Runden. Kürzlich hielt sie an und blickte unendlich gütig auf mich und meine Tochter – wir sassen auf der Bank neben einer kleinen Kapelle. »Bhüet eu Gott«, flüsterte sie herzvoll, und ich konnte eine kleine Träne auf einer Furche ihrer Wange erkennen. Das berührte mich enorm, und ich musste an die Worte des Dichters und Philosophen KHALIL GIBRAN denken, der schrieb: *Eine einzige Träne, die auf dem gefurchten Gesicht eines alten Mannes glänzt, beeindruckt uns stärker als solche, die ein junger Mensch vergiesst, denn die Tränen der Jugend sind zahllos, und sie bedeuten das Überborden sensibler Seelen, die Tränen der Greise hingegen sind ein Rest des Lebens in ihren kraftlosen Körpern, der aus ihren Augen tropft. Die Tränen der Jugend sind wie Tautropfen auf den Blütenblättern der Rose, während die Tränen auf einem Greisengesicht gelben Herbstblättern gleichen, die der Wind zerstreut und davonträgt, wenn der Winter des Lebens naht.*

Probieren wir doch, das Alter als das zu ehren, was es laut Khalil Gibran ist: der Winter des Lebens. Und erfreuen wir uns an ihm wie an der letzten Jahreszeit mit ihrer schönen verschneiten Landschaft. Ja, auf allen Wegen ist Heimkehr...

Zeitlos

*Es ist nicht zu wenig Zeit, die wir haben,
sondern es ist zu viel Zeit, die wir nicht nutzen.*
LUCIUS ANNAEUS SENECA

Die Zeit, die Zeit! Sie ist in aller Munde und zwischen vielen Buchdeckeln, aber mich hat sie immer wieder verlassen. Keine Zeit! Diese Geliebte scheint uns im 21. Jahrhundert lebenden Erdbewohner allesamt im Stich zu lassen und an sämtlichen Radarfallen straflos vorbeizubrausen. Mein Sinnieren und Recherchieren darüber war faszinierend.

Im Gegensatz zu Peter Bichsel kenne und wünsche ich mir keine Langeweile, aus der dann etwas entsteht und mir das Gefühl eines langen Lebens gibt. Nein, mein Leben gleicht eher einem Roller-Coaster-Ride, inklusive des etwas schwerfälligen Anlaufs. Mit siebzehn Jahren war ich ein in den Tag hineinwandelnder Hippie-Freak. Wenigsten wandelte ich nicht mehr in Solothurn, sondern in Neuenburg! Ich genoss es damals in vollen Zügen, dem lieben Gott die Zeit zu stehlen. Nebenbei lernte ich Französisch, ein paar andere eher unnütze Dinge und verbrachte vor allem viel Zeit mit meiner akustischen Gitarre. Hätte mir damals jemand erzählt, dass ich fünfzig Jahre später ein striktes Zeitmanagement brauchen würde, um meine »Work-Life-Balance« im Griff zu haben und nicht auszubrennen, hätte ich nur gelacht. Wie ändern sich doch die Zeiten – und wer sind sie überhaupt, diese Zeiten?

Zeit ist alles: Luxus, Tyrann, Heiler und Leben. Sich Zeit zu nehmen, kostet Geld. Das sagt die Wirtschaft. Vom Piepsen des Weckers friert es mich an den Zähnen. Und doch musste ich lange Zeit den Halunken am Bettrand grummelnd akzeptieren, durfte nicht so lange schlafen, bis ich von selber damit fertig war. Bedauerlicherweise lassen sich Brot und Früchte selten im Schlummer verdienen. Abends hingegen, wenn mein Kopfkino die farbigsten und anregendsten Filme startet, sollte ich gefälligst abschalten und schlafen. Tatendrang, hau ab, du kommst zur Unzeit! Weshalb kann der Tag nichts mit dem Abend und der Abend überhaupt nichts mit dem Tag anfangen? Schade, denn wenn die Sonne untergeht, ist mein geistiger und kreativer Werkraum viel üppiger gefüllt, als wenn sie mich blendet. Ich denke grad über eine Volksinitiative nach – zwei Arbeitswelten. Eine für Eulen, die andere für Lerchen.

Ich erlebte traurige, kranke und herzschwere Zeiten, in denen ich gern in die Hände geklatscht hätte, um im Spiel des Lebens drei Jahre vorzurücken – in der Hoffnung, dass die Zeit meine Wunden geheilt und ich bis dahin vielleicht den Bachelor in Sachen Weisheit geschafft hätte. Doch so läuft das nicht. Sie lässt sich gern Zeit mit dem Heilen von Wunden, die Zeit, und wir haben die Musse der Geduld dafür verloren.

Wir finden heute wenig Raum und Zeit, Verluste zu beklagen, sie zu Grabe zu tragen und an der Trauer zu wachsen. Brüche und Schicksalsschläge also zu verdauen, statt sie – wie die heutigen Trendsetter – flugs umzuwandeln in »Das ist doch eine Chance, mich neu zu orientieren und meinen Lebenslauf umzugestalten«.

Zeitgenossen aller Gattungen streben nach den unterschiedlichsten Dingen, um die Zeit zu geniessen – aber jeder ist auf seine Weise ihrem Galopp verfallen. Der Mensch ist Anschauungsmaterial der Vergänglichkeit, die zugleich plagend und barmherzig ist. Wir können die Zeit nur im Geiste aushebeln. Wenn wir uns Geschichten erzählen aus der Vergangenheit, dann löst sie sich für einen Atemzug auf. Ich liebe diese zeitlosen Momente! Am häufigsten erlebe ich sie, wenn ich Musik mache oder male. Da schalte ich sämtliche Gedanken aus und gerate in einen Fluss, der mich meditativ wegträgt und hie und da eine goldene Frucht, eine Melodie abwirft. Sich so in etwas vertiefen zu können, ist vielleicht das erhabenste Gut der Menschen. Bestimmt habe ich das schon mehr als einmal gesagt, aber ich kann es nicht genug wiederholen: Schauen wir den Kindern zu, lernen von ihnen. Sie können das noch bestens in ihrem Spiel, sind neugierig, witzig, leichtfüssig, frei, herzoffen, urvertraut und voll da. Eine arglose, in die Natur hinaus ergänzte, erweiterte Freudigkeit. Und ja: Zeit heilt Wunden – würde sie das nicht, wären wir sehr arme Geschöpfe, aber – eine gute Kosmetikerin ist sie nicht, die Zeit.

Vielleicht gibt es die Zeit auch gar nicht, und wir bilden uns ihr Vorhandensein in unserem ständigen Lebensgezappel bloss ein. Alles ist doch eigentlich im Jetzt. Und auch morgen wird im Jetzt passieren. Doch wer kann schon voll bewusst dieses Jetzt leben und sich dem einmaligen Moment total hingeben? Sei es beim Essen, beim Zuhören, beim Spazieren oder beim Betrachten einer Blume? Ein grosser Teil der Menschen wird gelebt oder lässt sich leben. Genug Zeit für sich haben nur ein paar wenige. Eigentlich schade. Ja, geliebte Zeit, wo eilst du hin? Du entwischst mir da und dort.

Szenenwechsel ins Jetzt: Es ist Spätherbst, und ich bin ein weiteres Mal mit einer Todesanzeige konfrontiert worden. Ein einzigartiger Kopf denkt und spricht nicht mehr. Ich nehme mir Zeit, nehme meine Lebensschnur hervor. Betrachte sie. Ich kann das jeder und jedem empfehlen: Messt eine etwa neunundachtzig Zentimeter lange Schnur ab und legt sie vor euch hin. Jetzt stellt euch vor, dass ein Zentimeter dieser Schnur ein Jahr ist. Dann nehmt einen Massstab und macht bei eurem aktuellen Alter einen grossen Knopf in die Schnur – in meinem Fall ist das bei zweiundsiebzig Zentimetern. Dann nehmt die Schnur gestreckt in die Hände und betrachtet sie. Links ist die bereits vergangene, gelebte Zeit und rechts das, was in etwa noch vor euch liegen könnte – wenn alles rundläuft. Ich bin sicher, ihr werdet innehalten! Bei mir folgt jedes Mal der Entschluss, ab sofort nur noch Platin durch meine Lebenssanduhr rinnen zu lassen. Geniessen, was es zu geniessen gibt, und »no more monkey business«.

Oder wie es in der Serie THE TUDORS so schön beschrieben wird: *Wenn wir die Zeit des Lebens, die uns auf Erden beschieden ist, mit jener vergleichen, die uns unbekannt im Dunkeln liegt, so erscheint mir diese Spanne wie der kurze Flug eines Sperlings, der sich im Winter in einen festlich geschmückten Saal verirrt. Nach einem kurzen Augenblick der Wärme und des Glanzes entschwindet er wieder in die winterliche Welt, aus der er gekommen ist. Gleich ihm betritt der Mensch die irdische Bühne nur für einen Atemzug, und was davor war und was folgen wird, das bleibt uns verborgen.*

No meh Liebi

All You Need Is Love.
THE BEATLES

Der deutsche Philosoph und Schriftsteller NOVALIS, er lebte von 1772 bis 1801, wurde also keine dreissig Jahre alt, sagte einst: *Die Liebe ist das Amen des Universums.* Als ich dieses Zitat vor ein paar Tagen auf einem Kalenderblatt las, kribbelte es auf meiner Haut. Ich bin ein Beatles-Kind, und »All You Need Is Love« war schon immer mehr als nur ein Song für mich. Er war eine Bewegung. Liebe ist eine unglaubliche Triebfeder. Wegen ihr begann ich mit der Musik, wegen ihr bin ich heute noch frisch und freudig. Ihr verdanke ich alles. Liebe ist ein Hingerissensein zu schöpferischen Kräften und empathischen Menschen. Liebe ist der Gralshüter alles Menschlichen. Liebe ist wertvoll und bedroht zugleich. Liebe ist ein wärmendes Lagerfeuer in kalten Winterzeiten und will immer wieder gefüttert werden.

Ich weiss nicht genau, wann die Liebe bewusst eingeführt wurde, aber ich glaube gelesen zu haben, dass es vor circa siebzigtausend Jahren war, als der Homo sapiens den nächsten Evolutionsschritt machte, hin zu einer neuen Gewissheit, die ihm zeigte, dass es schlauer ist, seine Mitstreiter zu mögen als zu hassen, und – die wohl wichtigste Erkenntnis – dass Liebe dem Nachwuchs bessere Überlebenschancen garantierte.

Das Liebe-»Machen« war in der Abgeschiedenheit oder bei offenen Gemeinschaften in den Höhlen, so stelle ich es mir zumindest vor, ein reiner Fortpflanzungsakt, Universen davon entfernt, was wir heute als Partnerschaftsliebe kennen. Schon damals, auch das entspringt meiner Vorstellungskraft, konnten Frauen die Liebe besser erfassen als Männer. Letztere liebten vor allem ihre Spielzeuge – ihre Waffen und erbeuteten Schätze. Und heute?

Viele Männer wirken auf mich irgendwie verloren. Sie wissen gar nicht mehr richtig, wer sie sind und was sie wollen und dürfen. Ihr Herz ist oft verpanzert. Es fällt ihnen schwer, über die Liebe zu sprechen, sie zu zeigen und zu leben. Nur wenige erfassen, dass niemand ausser wir selbst für unser Glück verantwortlich sind. Es ist der klassische Anfängerfehler, zu glauben, dass andere, also zum Beispiel der Partner, die Partnerin, dafür zuständig sind. Nein, sie oder er ist nur eine Ergänzung und im idealen Fall eine grosse Bereicherung. Für unser Grundglück müssen wir schon selbst sorgen. Erst wenn uns das klar ist, können wir wirklich lieben.

Ich nehme mich da nicht aus: Häufig glaubte ich zu lieben, nur um etwas später zu merken, dass ich unfähig war, mich ganz hinzugeben. Ich verwechselte die schnelllebige, vergängliche Verliebtheit oder Sex mit der wahren Liebe. Verliebt sein und echte Liebe sind so verschieden wie Blüte und Frucht. Wenn die Frucht da ist, ist die Blüte verschwunden oder taucht vielleicht in einer anderen Form wieder auf. Liebe hingegen bedeutet das bewusste, verständnisvolle Annehmen von Unzulänglichkeiten. Im Idealfall hilft man sich gegenseitig, die beste Version seiner selbst zu werden. Liebe will geben und erfüllt sich im Geben. Was zurückkommt, ist – Zugabe. Vertrauen und Freiraum sind wichtig für eine gut funktionierende Liebe. Es braucht einfach hie und da etwas Distanz und Platz, sich selbst zu erfahren und zu hinterfragen. Zudem entsteht in solchen Auszeiten Sehnsucht, und die ist ein wunderbares Schmiermittel für eine reife Partnerschaft. Dazu gehört auch die Stille. Man muss nicht immer alles an- oder aussprechen. Das killt die Magie. Vieles wird gleich anders, wenn man es ausspricht, und die Sprache ist oft die Quelle der Missverständnisse. Ich finde »silent mornings« bereichernd oder Spaziergänge ohne grossen Wortwechsel. Gemeinsam die Stille aushalten, mehr noch, sie zu geniessen, ist etwas unbeschreiblich Magisches.

Früher glaubte ich noch, dass Unterschiedliches sich anzieht, diesen besonderen Reiz ausmacht. Das mag vielleicht für eine kurze Zeit so sein, aber langfristig ist das eher ein Hindernis. Heute weiss ich mit Bestimmtheit: Eine Beziehung, in der zwar beide am selben Strick, aber in unterschiedliche Richtungen ziehen, wird mühsam und kräfteraubend. Wenn man hingegen ähnliche Bedürfnisse, Geschmäcker und politische Ansichten hat, Interessen, Freuden und Aktivitäten miteinander teilt, stimuliert das beide Seiten.

Und Achtung: Etwas vom Wichtigsten und meist Unterschätzten in einer gut funktionierenden Partnerschaft ist – der Humor. Zusammen lachen, scherzen, sich necken und Streiche spielen ist ein grosses Geschenk für eine Beziehung und hebt sie gleich noch auf eine höhere Stufe. Ja, die Liebe braucht mehr Humor.

»Es ist so schön, dass es dich gibt. Ich kann bei dir hundert Prozent ich selbst sein. Deine Liebe hat mir eine Gefühls- und Lebenswelt offenbart, die mir eine tiefe Liebe und Befreiung ermöglicht hat. Meine Dankbarkeit ist unendlich.« Diese herzlichen Worte meiner Liebsten waren eine doppelte Freude für mich, weil ich es genauso empfinde.

Mit ihr zusammen ist es berauschend, die Schätze des Lebens zu heben und sie zu zelebrieren. Das heisst aber auch, fähig zu sein, gemeinsam durch Krisen, Trockenzeiten oder Tragödien zu gehen. Und – sehr wichtig – es zu schätzen wissen, dass uns unser Herzensmensch ab und zu konstruktiv (!) den Spiegel vorhält. In diesem Akt zeigt sich, was Liebe und Freundschaft wirklich wert sind.

Was ich mir wünsche? Mehr Selbstliebe für jeden von uns. Und mehr Liebe für Andersdenkende und Alleingelassene.

Das ultimative Hoch

*Jetzt sind die guten alten Zeiten, nach denen
wir uns in zehn Jahren zurücksehnen.*
SIR PETER USTINOV

Ich werde immer wieder gefragt, was es eigentlich alles braucht, um ein grosses Konzert erfolgreich über die Bühne zu bringen, und wie sich so ein Ereignis anfühlt. Ich nehme hier das Beispiel Krokus, als wir am 6. Mai 2023 zum dritten Mal im legendären Hallenstadion spielten.

Unsere Abschiedstour wurde 2020 durch Covid unterbrochen. Während dieser Zwangspause gab es immer wieder Treffs und Talks von uns Bandmitgliedern. Wir schnorrten und klagten. Wir lachten und beratschlagten. Auf was konnte man eigentlich noch vertrauen in so wirren, unsicheren Zeiten? Was hält uns zusammen, was macht uns wirklich happy? Und plötzlich war uns allen klar, dass wir den Herbst unseres Lebens noch geniessen wollten. Das tun, was uns am meisten Freude macht: zusammen abrocken. Das ist das, was uns am Leben hält, unser Jungbrunnen. So wurde auch unser Tour-Slogan »In Rock We Trust« geboren.

Damals kam der Gedanke auf, als Auftakt zu weiteren Konzerten noch einmal im Hallenstadion zu spielen. Fragen wie »Bringen wirs noch? Haben wir genug Power? Was können wir besser machen als letztes Mal? Bleiben wir gesund?« wurden diskutiert. Leidenschaftliche Qualität abzuliefern, war schon immer unser Anspruch, damit wir überhaupt weitermachten. Was das körperliche Wohlergehen anging, blieb uns nichts anderes übrig, als Sorge zu uns selbst zu tragen und darauf zu hoffen, dass die Götter der Gesundheit uns gnädig gestimmt waren. Ein paar Streifschüsse gabs dann allerdings trotzdem.

Die ersten Proben begannen Anfang März 2023 bei mir im Keller. Da wurde zuerst gejammt, sortiert und die kritischen Stellen unter die Lupe genommen. Dann spielten wir die hundert Minuten ohne grosse Diskussionen und Stopps voll durch. An der Wand hing ein Riesenposter mit zehntausend Menschen, damit wir nach vorne, in die Leute, anstatt nur auf unsere Griffbretter starrten. Erste Setlisten entstanden, neue Songs, die wir noch nie live vor Publikum gespielt hatten, wurden ausprobiert. Zwischendurch luden wir die Nachbarjungs und ein paar Quartierstreuner in den Probekeller ein, um zu sehen, wie sie auf unsere Darbietung reagierten.

Zwei Monate vor dem Auftritt starteten die medialen Aktivitäten. Wer würde vorab etwas zu diesem Ereignis publizieren oder senden? Dazu benötigten wir einen Aufhänger. Zum Beispiel »Krokus suchen den Superfan« oder »Wer will mit Krokus singen?«. Neue Merchandise-Artikel wurden entworfen, hinterfragt und schliesslich produziert. Ich mache das meist mit unserem Tourmanager und einem Grafiker. Später ist es dann immer interessant, zu sehen, welche T-Shirts oder Hoodies die gefragtesten sind.

Irgendwann begannen dann auch die Arbeiten zur ganzen Lichtproduktion. Jeder Song verlangt eine ganz eigene Stimmung. Es gibt Rot- oder Grünlicht-Nummern, dann wieder Lieder, denen Blautöne, Violett oder gar eine Spiegelkugel gut stehen. Ab und zu verwenden wir auch gerne Rauch, Feuer oder vorproduzierte Filmclips auf LED-Leinwänden. Eine ausgereifte, stimmige Lichtshow hebt jedes Konzert auf ein anderes Level. Ja – »let there be light«!

Vor unserem Zürcher Auftritt im Hallenstadion gabs noch ein paar Konzerte in Deutschland, damit der Ablauf und die Songfolge mit der ganzen Bühnen-Crew getestet werden konnten. Ein letztes Mal wurde geschraubt und gebogen, bis alles sass und zu einem gigantischen Puzzle zusammenfand. »Ready to go!«

Backstage. Dieses Wort, dieser Ort fasziniert, und alle möchten gerne dahin. Ich muss euch enttäuschen, dieser Flecken ist meist, ausser vielleicht an gewissen Open Airs, wo sich diverse Bands treffen und austauschen können, ziemlich langweilig. Es sind schlicht meist schäbig dekorierte Räume, freudlos aufgepeppt mit irgendwelchem ungesunden Fast-Food und herumliegenden Getränken. Ein paar Sofas und Kleiderständer. Da wir alle in festen Händen sind, hält sich auch der Groupie-Alarm in Grenzen, und Amerika, wo das ausgiebig gelebt wurde, ist auch kein grosses Thema mehr. Oft haben wir zwei Garderobenräume. Einen für die Gitarrenabteilung und einen für die Rhythmussektion plus Sänger. Da wärmt man sich auf, witzelt rum und bespricht noch letzte Details. In unserer Band haben wir weder Kleiderberater noch Schminkpersonal. Wir wollen uns wohlfühlen und fühlen uns wohl, wenn wir sind, wie wir sind, unseren Fokus voll auf die Musik legen können und möglichst natürlich und ungekünstelt rüberkommen.

Was es an Bühnenklamotten zu organisieren gibt, ist jedem selbst überlassen – und das ist gut so. Klar, sollte einer im rosa Barbie-Look auftauchen, gäbs schon ein paar Diskussionen. Fakt ist: Die Band sieht heute besser aus als in den Achtzigern, als wir diversen Stilberatern, Managern, Plattenfirmen und Blondierungsattacken anheimfielen. Nicht zu vergessen die düsteren

Zeiten, als auch Drogen mit von der Partie waren und unsere kritische Wahrnehmung trübten.

    Heute schauen wir schlicht besser zu uns, was kein Wunder, sondern nötig ist, damit wir auch noch als alte Hasen einigermassen fit in den Ring steigen können. Es hat sich also einiges geändert in den letzten Jahren, um nicht zu sagen, Jahrzehnten. Eines ist jedoch immer noch gleich: die Warterei nach dem Soundcheck, bei dem Instrumente und Lautstärke aufeinander abgestimmt werden. Er beginnt oft schon früh am Nachmittag. Danach heisst es warten, warten, warten. Gross essen vor dem Gig geht nicht, das killt die Energie. Meistens gibts vier bis fünf Stunden vor dem Konzert etwas Pasta. Nun, irgendwie bringen wir die Zeit immer rum. Und dann ist er da, der Moment, auf den wir gewartet haben. Der grosse Abend kann kommen. Es war ein langer Weg, bis wir nun die zwei Stunden aussergewöhnliche Bühnenmagie erleben dürfen.

    Das Lampenfieber hat sich im Lauf der Jahre gelegt, aber der Adrenalinpegel steigt natürlich unmittelbar vor der Show. Tourmanager Sasa holt uns dann alle ab. Hinter der Bühne gibts noch freudige Umarmungen unter uns Musikern: »Gute Show, amigos, lasst es uns geniessen!« Und los gehts. Das Licht geht aus, die Intromusik erklingt, die Fans jubeln, und das Rockfest kann endlich beginnen.

    Wenn du auf die Bühne stürmst, weisst du nie, was dich erwartet. Die ersten zwei Songs sind immer eine Standortbestimmung in Sachen Sound und Bühnenfeeling. Eigentlich könnte man den Soundcheck abschaffen, da er oft falsche Hoffnungen weckt. Mit den Leuten in der Halle verändert sich auch das ganze Klangerlebnis. Dieses muss dann für uns vom Bühnen-Monitormann Poppibär neu eingepegelt werden. Man hofft auf eine Verschmelzung aller Instrumente und darauf, dass man sich wohlfühlt. Im Hallenstadion ist das kein Problem, da es eine erstklassige, ausgewogene, leicht zu meisternde Bühne ist.

Schon beim ersten Song stimmte die Qualität. Alle waren bei bester Spiellaune und auf einem ultimativen Freudenhoch in diesem Rocktempel, in dem ich schon unzählige Male meine Musikidole bestaunen durfte. Die Band schwebte von Song zu Song: »Long Stick Goes Boom«, »Winning Man«, »Tokyo Nights«, »Fire«, »Easy Rocker«, »Heatstrokes«, »Screaming in the Night«, »Hoodoo Woman« und »Bedside Radio«. Jeder hatte ein feines Lächeln auf dem Gesicht und wusste: Hey, das ist grosses Kino, was wir hier gerade abliefern. Aber gross denken kannst du bei so einem Auftritt eh nicht, und das ist auch gut so. Wenn du dir während des Spielens zu viele Gedanken machst, dann stimmt meistens etwas nicht. Das Geheimnis heisst: Voll rein in die Soundkugel und es geschehen lassen.

Wir und unsere Fans, darunter erstaunlich viele junge, waren restlos happy, was nicht immer so ist – auch wir sind nur Menschen mit Schwächen und Launen. Als ich von der Bühne aus unter Tausenden von Menschen, die da feierten, meine Liebste und mein Tochterherz erblickte, die beiden, die mir auf allen, auch oft nervigen, beschwerlichen Wegen zur Seite stehen, wurde das Hier und Jetzt schon fast überirdisch – das ultimative Glück. Ihre Augen strahlten schöner als tausend Sonnen. Diesen unvergesslichen Abend in ihrem Beisein erleben zu dürfen, war das grösste Geschenk überhaupt für mich. Unvergessen und einmalig.

Danach gabs keine grosse Party. Musste es auch nicht, denn die Party hatte auf der Bühne stattgefunden. Wir liessen, was wir erlebt hatten, bei einem Gute-Nacht-Drink in Ruhe erst mal sacken. Gewisse Bilder und Momente gingen uns noch mal durch den Kopf. Und wir redeten und redeten und redeten, denn an Schlaf ist in so einem speziellen Moment vor Sonnenaufgang eh nicht zu denken. Da bist du zu aufgekratzt.

Doch eines wurde uns klar: Solange diese Truppe nach so vielen Jahren nahezu im Original zusammen ist und so viel Spielfreude zeigt, kann der letzte Vorhang, somit der definitive Abschied, ruhig noch etwas warten. Im Rock 'n' Roll gibt es ja eh keine Pension, was der inzwischen achtzigjährige Mick Jagger aufs Schönste beweist.

Schulfreuden

Jede Erziehung ist Selbsterziehung, und wir sind eigentlich als Lehrer und Erzieher nur die Umgebung des sich selbst erziehenden Kindes.
RUDOLF STEINER

Die Texte des Musikers und Nobelpreisträgers Bob Dylan erklären uns den Menschen und die Welt in einmaliger Art und Weise. Einer seiner stärksten Songs, »Forever Young«, begleitet mich schon ewig. Der Text hängt auch als Teil eines fantastischen, drei auf eineinhalb Meter grossen Bildes bei mir zu Hause. Mein Freund Büne Huber malte es 2005 für mich. Die leere übergrosse Leinwand, die ich ihm zu seinem Schrecken dafür lieferte, diente dann seiner Tochter ein paar Jahre als Trennwand, damit sie in Ruhe spielen konnte. Ich wartete lange darauf, aber es hat sich wirklich gelohnt. Ich schaue das Bild jeden Tag an. Es zeigt mich als rockendes Skelett mit Krone, das ein grosses Herz hochhält. Daneben Segenswünsche ans Leben, die kindliche Sehnsüchte wecken: *May you build a ladder to the stars / And climb on every rung / May you stay forever young.* Die Textbilder und Melodien von BOB DYLAN beschreiben genau, worum es im Leben geht.

Wenn ich mich über politische Fehlentscheide und menschliche Ignoranz aufrege, schnüre ich meine Schuhe und laufe hinaus in die Natur. Das hat etwas Tröstliches und beruhigt mich sofort. Hie und da führt mich mein Weg ins Solothurner

Quartier Weststadt, zu der alten Zifferblattfabrik, in der heute die Steinerschule beheimatet ist. Ich kenne dort mehrere Lehrer und Kinder, die mich allzeit freudig willkommen heissen. Staunend erlebe ich jeweils, mit welcher Zuversicht und mit welch grossherzigem Feeling die zukünftige Erwachsenengesellschaft dort auf ihr Leben vorbereitet wird. Auf dem Pausenplatz treffe ich zum Beispiel auf Kinder, die dort meist ohne Lehreraufsicht spielen können. Die Kids wissen selbst auf sich aufzupassen und für Ordnung zu sorgen. Das haben sie gelernt und vieles Weitere dazu. *Erziehung ist Beispiel und Liebe, sonst nichts*, sagte einst der deutsche Pädagoge FRIEDRICH FRÖBEL, ein ehemaliger Schüler Pestalozzis. Wie wahr! In der Steinerschule schlendere ich gerne durch die Räumlichkeiten und bewundere die farbenfrohen Dekorationen, den humorvollen und spannenden Unterricht, die wunderschönen Wandtafelzeichnungen, die in der Vorweihnachtszeit festlich geschmückten Fenster und schaue dabei in viele frohgemute, strahlende Gesichter.

Ich bin mit einer Lehrerin, die an einer staatlichen Schule unterrichtet, befreundet. Sie berichtet mir oft aus ihrem Alltag und schildert, wie sie ihre »Kundschaft«, wie sie ihre Schülerinnen und Schüler lächelnd nennt, zum Staunen und Lachen bringt: »Wenn Kinder eingeschult werden, dann gleichen sie Büchern, für die erst der Prolog verfasst ist. Ihr Roman wird mit jedem neuen Tag ergänzt, Kapitel um Kapitel. Das ist eine gewaltige Verantwortung, die ich als Lehrerin empfinde, denn ich schreibe an der Geschichte ›meiner‹ Kinder mit. Gleichzeitig ist es ein riesiges Potenzial und eine grosse Ehre, das Universum einer Seele nähren zu dürfen. Ich empfinde es so, dass mir ein Leben in die Hände gelegt wird, und dieses will ich pfleglich behandeln.«

Wahrlich, bei so einer Lehrerin wäre ich auch gerne zur Schule gegangen. Entscheidend ist am Schluss, egal, welche Schule und welche Klassengrösse, die Lehrerin oder der Lehrer. Sie können Welten öffnen oder schliessen. Sie füttern die Kinder mit Träumen oder, wie ich und weltweit unzählige andere es erlebten, mit Albträumen. Klar, wir haben es überlebt, aber es war, gelinde ausgedrückt, gestohlene, vertane Zeit in Jahren, in denen man alles wie ein Schwamm aufsaugt.

Dass hierzulande, in der so wohlhabenden Schweiz, keine breitere Schullandschaft existiert, bedaure ich sehr, und ich wünschte mir, dass unterschiedliche Formen des Lernens vom Staat substanziell unterstützt würden – ganz egal, ob in einer Montessori-, Waldorf- oder Staatsschule. Warum? Weil jedes Kind anders ist. Für manche passt die staatliche Schule super, doch manchen wäre es wohler in alternativen Schulen, die den Fokus auf andere Bereiche legen. Je nach Bedürfnissen, Eigenschaften und Stärken des Kindes macht die eine oder eben eine andere Schule mehr Sinn. In nordischen Ländern und sogar in Deutschland funktioniert diese Praxis. Sie nennt sich »Pädagogik der Vielfalt« und ist das bestinvestierte Staatsgeld überhaupt. Dahinter steht folgender Leitgedanke: ganzheitlich unterrichten und die individuellen Möglichkeiten der Kinder entwickeln. Dazu Gleichberechtigung der Verschiedenen. Das Kind in Ehrfurcht empfangen, in Liebe erziehen und in Freiheit entlassen.

Davon könnten sich unsere Politiker ein grosses Stück abschneiden und dabei endlich erkennen, was den uns nachfolgenden Generationen guttäte und wie breit sie diese Praxis auf ihr Leben vorbereiten würde. Gegenwärtig können sich nur finanziell Bessergestellte eine Alternative zur staatlichen Schule leisten – dies ist nicht nur falsch, sondern auch kein nachhaltiges Konzept. Trotz den vielen Steuergeldern, die meines Erachtens oft sinnlos verschwendet werden, vergisst man, dass die Kinder die Zukunft unserer Gesellschaft sind.

Das Problem vieler heutiger Schulen: Es wird via Reformepidemien nur noch gemessen – von Pisa bis Bologna. Von Leuten, die seit Jahren nicht mehr in einem Klassenzimmer standen. Diplome statt Persönlichkeiten. Die Schule wird an ihrer Seele misshandelt, und die einfachsten Dinge, wie einen respektvollen sozialen Umgang zu leben, werden völlig ausgeblendet. Dazu kommt, dass nicht wenige Kinder schon im Elternhaus fragwürdig oder lieblos aufwachsen.

Ihnen fehlt das aufbauende Umfeld, manchmal sogar die Sprache. So werden sie oft zu Aussenseitern oder Sprengkörpern im Klassenzimmer. Kein Wunder, herrscht in unseren Bildungsstätten akuter Personalmangel. Wer will sich das noch antun? Wie bei so vielem hinkt man mit der Herstellung des Gegengiftes hinterher. Der Philosoph und Publizist Richard David Precht erkennt in seinem Bestseller »Anna, die Schule und der liebe Gott« richtig: Es braucht dringend eine Bildungsrevolution, einen Wandel, da unsere Vorstellungen von Schule immer noch aus dem 19. Jahrhundert stammen. Bis heute wird Tausenden von neugierigen Kindern schon in den ersten Schuljahren die Begeisterung geraubt. Sie werden mit nutzlosem Wegwerfwissen überschüttet. Klar existiert Hogwarts, das Zauberinternat aus den Harry-Potter-Büchern, nicht in der Realität, aber trotzdem braucht die Schule der Zukunft einen radikalen strukturellen Umbau, sodass Schüler *und* Lehrer aufblühen können. Je schneller die Verantwortlichen das erkennen und den Wandel endlich einleiten, umso besser wird es unseren Lehrern, Kindern, unserer Gesellschaft und dieser Welt gehen. Mit fast einem Viertel (!) unserer Steuergelder sollte eine Schulvielfalt, ein gesunder Wettbewerb und ein Monopolstopp doch machbar sein. Es täte so vielen so gut und würde einiges bewirken. Und: Lasst doch die Lehrer einfach Schule geben, ohne ständige Kompetenzvorgaben und Sinnlos-Reformen. Im Herzen und im Geist aller Beteiligten. Wagen wir es. Das Endziel einer guten Schule darf nicht der Untertan, sondern muss ein freier, selbst denkender, kreativer Mensch sein.

Es werde Licht

Das wahre Licht ist das Licht, das aus dem Innern der menschlichen Seele hervorbricht, das den anderen das Geheimnis seiner Seele offenbart und andere glücklich macht, sodass sie singen im Namen des Geistes.
KHALIL GIBRAN

Nicht nur van Gogh freute sich, wenn das Licht stimmig war. Auch auf uns hat Licht einen grossen Einfluss. Wobei, es gibt schon zahlreiche Erloschene, die den Unterschied zwischen warmem und kaltem Licht nicht mehr sehen. Und dann gibt es solche, die Licht keinen Deut interessiert. Letztere bekamen vielleicht nie die Chance, eine Beziehung zum Licht aufzubauen. Schade. Man schaut in ihre Häuser oder Wohnungen und erschrickt. Kaltes, weisses, antiseptisches Licht, derart stechend, dass es einen fast friert. Die Stimmung? Wie in einer neonbeleuchteten Abstellhalle. Der Höhepunkt der Lichtverwirrung war das millionenteure Intermezzo mit den Weihnachtsröhren in der Zürcher Bahnhofstrasse. Braucht es wirklich Raketenforscher, um zu erkennen, wonach sich Auge und Seele sehnen, oder sind die abgekoppelten, kopfgesteuerten Designer und Lichtdruiden allesamt verblendet? Man muss nichts Neues erfinden. Es ist längst schon da: warmes, emotionales gelboranges Licht, und das sogar in LED.

Kerzli, Laternli, Lampiöner, Lichtli und vor allen Dingen das Leuchten in den Augen der Kinder und Kindeskinder – ran an mein durstiges Auge! Ich liebe den warmen Schimmer eines liebevoll geschmückten Christbaums, das Tropfen der Kerzen und den Geruch von verbrannten Tannennadeln. Während man sie – sachte! – in die Flamme hält, erklingt als Zugabe sogar noch dieses heimelige Knistern. Das ist Musik! Der mit Abstand wundervollste aller Weihnachtseindrücke ist für mich aber ein längst vergangener: das verzauberte, still strahlende Gesicht meiner damals noch kleinen Tochter im flackernden Kerzenschein zu betrachten.

Es lebe die Dunkelheit, wenn ein Lichtlein brennt! Welches Kind liebt es nicht, wenns glitzert und leuchtet. Ich war immer hin und weg. Frühkindlicher Drogenrausch ☺. Und ich rede jetzt nicht nur vom Fest der Liebe. Nein! Also: Wir wohnten bei den Gleisen. Unser Haus befand sich in unmittelbarer Nähe des Bahnhofs. Ich schaute gerne, und vor allem im Winter, hinüber zu den Zügen. Da leuchtete und blinkte es fortwährend. Es gab da viel mehr Lichter als sonst irgendwo. Diese regten mich zum Träumen und Sinnieren an. Eigentlich fehlte – auch mitten in einer Sommernacht – nur noch das Christkind, das auf meinem Fenstersims Platz nahm. Heute wohne ich nicht mehr beim Bahnhof, aber als Nachtmensch brauche ich harmonisches Licht wie der Fisch das Wasser. Und wenn Schnee liegt, liebe ich die Lichtstimmungen ganz besonders. Da verändert sich alles – das Helle wird viel feiner und zarter. Dazu ein Himmel, der alle Farbtöne von Grünorange bis Zartrosa auf uns herunterwirft. Umwerfend!

Aber reden wir von den Strassenlaternen. Von den Formen wollen wir jetzt lieber nicht sprechen, aber wenn man Glück hat, bekommt man etwas Oranges vors Haus. In den meisten Fällen aber blendet uns uninspiriertes, kaltes, liebloses, hellweisses Licht zmitts ins Hirni. Warum, frage ich mich immer wieder, wenn ich solches »Leuchten« sehe, warum tut man uns das an? Haben die Verantwortlichen Angst, dass die Menschen ohne das Grelle ihren Weg nach Hause nicht mehr finden? Falls das der Grund ist, schlage ich vor, dass sie einmal nach Florenz, Paris oder London reisen. Dort weiss man noch, wie man die Nacht glanzvoll gestaltet. Und nein, es liegt nicht am Geld, sondern am Gespür für das Schöne. Leider kommt dieses Feeling mit zunehmendem Stress und Rumgehetze vielen abhanden. Dabei sind es die kleinen Dinge, die uns erfreuen und uns guttun! Nicht nur Sonnenlicht wirkt positiv auf die Psyche der Menschen, auch ein angenehmes künstliches Licht kann Wunder wirken.

Genauso ist auf einer Bühne die Beleuchtung sehr wichtig. Sie kann die Stimmung eines Songs extrem verstärken, unterstützen, aber leider auch zerstören. So gibt es die typischen Blau-und-Lila-Songs, die man wunderbar mit Mauve- oder Pinkstrahlen anreichern kann. Dann die Rotlichtknaller, die, gepaart mit Orange, Grün oder gar Weiss, sehr powerful rüberkommen. Wenn auch der Lichtmischer noch die Dynamik und den Rhythmus einer Nummer richtig im Griff hat, kann das Ganze zu einem Gesamtkunstwerk verschmelzen, das die Anwesenden verzaubert und in eine andere Welt entrückt. Es ist eine wunderbare Erfahrung, als Musiker voll in diesem Lichtorkan zu stehen. Einmalig!

Vor noch nicht allzu langer Zeit waren offene Feuer, Fackeln, Öllampen und Kerzen die einzige Beleuchtung im Dunkeln. Traumhaft und unschlagbar, aber natürlich bricht da der Nostalgiker in mir durch, und ich möchte schon noch sagen, dass ich es auch schätze, einfach den Lichtschalter zu bedienen, aber (!): Jedes Jahr im Winter gönne ich mir kiloweise Kerzen, die ich quer im ganzen Haus verteile. In meinem Entrée steht ein Ganzjahresweihnachtsbaum aus vielen pyramidenförmig aufgetürmten Holzstücken, auf denen die oft weissen, aber auch immer wieder bunten Lichtspender befestigt sind. Und wenn dann alle brennen, gute Nacht! Das sieht hammermässig aus! Der ganze Raum erscheint in einem überwältigenden, einmaligen Licht. Ich geniesse auch das Kaminfeuer. Einerseits das digitale, inklusive Knistern auf einem Grossbildschirm in der Küche – ja, ich weiss, ich werde mir mit dieser Aussage auch ein paar »Wie bitte?« einhandeln –, aber es ist, wie es ist und … egal. Glaubt mir einfach, sogar die digitale Glut gibt etwas her und wärmt. Zwar nicht den Körper, aber die Seele. Und ja, klar, natürlich ist das echte Feuer unschlagbar, schon vom Geruch her. Vor diesem liege ich dann jeweils sehr zufrieden mit meinen Liebsten und schaue in den magischen Flammentanz, der nie gleich ist. Dabei stellt sich ein archaisches Wohlgefühl ein.

Never forget: Man muss nicht weit suchen; das Glück liegt im Feuer und im Licht und verleidet nie. Ihr Lichtlein kommet! Es werde Licht! Lasst uns brennen und im richtigen Licht erscheinen. Dort, wo es uns wohl ist und wo wir hingehören – nämlich ins Licht. So isses!

Beerenstark

Es wächst die Erdbeer' unter Nesseln auf.
Gesunde Beeren reifen und gedeihn.
Am besten neben Früchten schlechtrer Art.
WILLIAM SHAKESPEARE

Nach einem Konzert in Deutschland gabs für uns am Frühstücksbuffet nicht eine einzige Frucht, und das mitten im Sommer! Ich verstand die Welt nicht mehr und kam chli ins Dozieren, warum Früchte für meinen ausgeglichenen Gemütszustand so wichtig sind. Ich erzählte, dass in meinem Garten rote »Chruseli« wachsen, und schaute sogleich in verwirrte Gesichter. »Stachelbeeren«, ergänzte ich auf Hochdeutsch. Immer noch Bahnhof. Potztausend, dachte ich, etwas so Feines kann man doch nicht sein Leben lang verpasst haben! Als ich dann meine »Meertrübeli« ins Gespräch brachte und vorausschauend auch gleich deren deutschen Namen nannte, zeigte sich: Immerhin wussten meine Tischnachbarn, was Johannisbeeren sind.

Diese beiden Beerensorten, die beim Zerbeissen im Mund so lustig sauer an Gaumen und Halszäpfli spritzen, habe ich aber auch sonst an keinem Buffet gefunden. Sie scheinen eine Randgruppe geworden zu sein im sommerlichen Obstkonzert. Vielleicht sollte ich für sie eine Selbsthilfegruppe gründen? Und grad auch noch Cassis, also die schwarze Johannisbeere, das Brom-, das Him-, das Heidel-, das Preisel- und das Walderdbeeri mit einem Beitrittsformular ermuntern, ebenfalls beizutreten.

In meiner Kindheit waren diese Stauden- und Heckenschätze noch in aller Munde. Haben die Menschen im Laufe ihres Glacelebens vielleicht so verwöhnte Zungen entwickelt, dass sie meine Begeisterung für Süsssaures nicht mehr teilen können? Wie auch immer – ich kann es nicht unterlassen, hier einen Werbeblock für diese Genussperlen zu platzieren: Lauft, sammelt oder kauft wieder einmal ein Beerenbouquet! Mischt alles durcheinander, was ihr an Beeren finden könnt, erfreut euch erst an ihren Farben und dann an ihrem Geschmack. Genehmigt euch ein Schälchen davon auf Balkonien oder in der Hängematte unter Herrn und Frau Amslers Gesang, und schickt bitte alle Fernsehköche wieder zurück an deren eigenen Herd.

Essen ist eine wunderbare Sache – finde ich – und im Sommer die unkomplizierteste überhaupt. Der Garten ist ein Selbstbedienungsbuffet. Alles, was die Schnecken übrig lassen, lässt sich umgehend mit einem Schuss Salatsauce, Olivenöl, auf einem Kuchenteig, mit einer Prise Zimt oder »en nature« verwerten. Wer die Gegend aufheizen will, entfacht ein kleines Feuerchen unter den Speisen und erfreut sich später am Aroma von Freiheit und Abenteuer. Habt ihr auch schon Wassermelonenschnitze grilliert? Ein Erlebnis! Als zusätzliche Geschmackserfahrung empfehle ich die Variante mit flambiertem Grand Marnier. Und wenn ihr es nicht lassen könnt, mischt halt noch ein Glace dazu. Und vergesst nicht die Pflaumen und die Zwetschgen – verküechelt sie!

Genau wie die Walliser Aprikosen. Viele ihrer Artgenossen haben heuer viele Sommersprossen abgekriegt, etwas, das wir Kunden leider nicht mehr so gerne sehen – alles soll möglichst gleichförmig daherkommen. Gurken, die zu dünn, Rüebli, die zu kurz, Kohlräbli, die nicht rund genug sind, bleiben daher oft liegen oder schaffen es gar nicht erst in die Regale. Ein sympathischer Grossverteilerdruide kauft all das – und eben auch die gefleckten Aprikosen – auf, versiehts mit dem Label »Ünique« und tut damit aktiv etwas gegen den Food-Waste. Bravo! Und wenn wir schon beim Futtervergeuden sind: Zu viele Äpfel gekauft? Hier kommt die Lösung: Ihr lauwarmes Mus schmeckt auf einem knusprigen Bitz Brot genauso himmlisch wie auf einer gerösteten Banane.

Sagt jetzt bloss nicht, ihr habt grad Lust auf Bratwurst oder Hotdog bekommen!? Beleidigt mir nicht meine eh schon an den Existenzrand gedrängten Chruseli. Ich sage euch, das käme gar nicht gut. Stellt euch vor, die Beeren machen mobil und greifen an. Wehe, wenn sich all diese stacheligen Hecken mal daranmachen, die Stadt einzunehmen. Meiner Erfahrung nach wächst eine Brombeerstaude durch jede noch so kleine Ritze hindurch, wenn sie sich vermehren will. Ja, jede Kultur kann austicken, wenn man sie zu lange unterdrückt und ihr Respekt und Wertschätzung verweigert, also warum nicht auch die Obstkulturen? Also, lassen wir es besser nicht darauf ankommen und ernten und geniessen, wo wir können. Und machen eventuelle Obstbanausen mundtot – auf dass die Chriesi krachen!

Mein Thermometer zeigt derzeit täglich um die dreissig Grad Celsius an. Jetzt will ich erst mal im Garten nachschauen, ob die Flora durstig ist und Lust auf das aufgefangene Regenwasser hat, das vorletzte Woche die Tonne gefüllt hat. Bald wird es ausgehen, es sei denn, die Blumenkohlwolken, die sich am Himmel zeigen, ziehen nicht wieder unverrichteter Dinge weiter und der Gewitterregen, der sich ankündigt, bleibt nicht aus. Sollten wir dieses Jahr wieder mit der Nässe sparen müssen, wird auch mein fruchtiger Gartensaftladen einen Engpass erleiden. Henu – jeder Tag hat seine Nacht und jeder Spitzensommer seine Trockenperiode. Noch ist es glücklicherweise nicht brenzlig, und wenn ich die Aare so gediegen dahinfliessen sehe, erscheint mir die Vorstellung von Wassermangel ziemlich abstrakt. Ich kann gar nicht anders, als mich an der warmen, bunten und spritzigen Welt, so wie sie gerade ist, zu erfreuen. Und der letzte Nichtsommer ist längst vergessen. Zum Glück.

Wie ich von den Beeren auf Wassermangel komme? Schreibt es der Hitze zu, die mir grad den Kopf vernebelt. Oder der Wirkung der Beeren.

Offen bleiben

Mein Herr, ich teile Ihre Meinung nicht, aber ich würde mein Leben dafür einsetzen, dass Sie sie äussern dürfen.
VOLTAIRE

Liebe Freunde der Sonne, hier kommt für einmal ein etwas heikleres, ein weniger erfreuliches Thema. Ich möchte es aber nach den letzten weltweit schwierigen Jahren nicht einfach unter den Teppich wischen. Es ist als Kontrapunkt zum Hellen und Schönen zu wichtig, um einfach ausgeklammert zu werden. Ich gehe noch einen Schritt weiter: Es ist essenziell, uns das, was passiert ist, immer wieder vor Augen zu führen, um gegen zukünftige Irrwege und Fehlentwicklungen gewappnet zu sein. Frieden und Toleranz sind nämlich keine Erbrechte.

Leider findet seit längerer Zeit zu viel Scheinwirklichkeit, Verschleierung, Angstschürerei und zu wenig echte, vertiefte Analyse und Recherche statt. Wer sich, und ich spreche sogar von ausgewiesenen Wissenschaftlern und Nobelpreisträgern, hinterfragend und frei zu Themen wie Covid, Statistiken, Impfen, Cancel Culture, Klima, Krieg, Zuwanderung oder Gender äusserte, wurde schnell zum Covidioten, Verschwörungstheoretiker, Klimalügner, Putin-Knecht oder zum Rassisten erklärt. Mit solchen Vorverurteilungen und Henkerjournalismus kann man eine Gesellschaft spalten.

Es bilden sich zwei Lager. Krass zu sehen ist das in den USA, aber auch zunehmend in Deutschland. Da lebt ein Grossteil der

Bevölkerung nur noch in ihrer eigenen Meinungs- und Wahrheitsbubble, einer Echokammer der verengten Weltsicht, gestützt auf ganz wenige Informationsquellen, die sie nur darum konsumieren, weil sie ihre Perspektive spiegeln. So entstehen Gesinnungsgemeinschaften, die sich ums Lagerfeuer ihrer eigenen Rechthaberei scharen, anstatt mit anderen konstruktiv im Gespräch zu bleiben und nach Lösungen zu suchen. Wer das Narrativ nicht teilt und dies auch kundtut, wird sofort selbst zum Teil des Problems erklärt. Das ist wenig förderlich, ja sogar gefährlich.

Wir leben in einer Welt der Dualität, teilen diese immer mehr in Gut oder Böse, Hell oder Dunkel ein. Ich nehme mich da gar nicht aus. Auch ich habe schon oft vorverurteilt und lag falsch. Diese Erkenntnis führte dazu, dass ich vorsichtiger wurde, denn ich erkannte: Wer über andere vorschnell urteilt, erhebt sich über sie. So heisst es schon in der BIBEL: *Richtet nicht, damit ihr nicht gerichtet werdet.* Und wir alle sollten uns vor der Aburteilung eines Mitmenschen auch fragen, wie es uns ginge, wenn wir grundlos abgelehnt und verschrien würden.

Es wäre viel erreicht, wenn wir zu unseren Überzeugungen stehen und uns auch klar äussern würden, wenn Unrecht geschieht oder wir etwas anders sehen und nicht mitmachen wollen im Verdammungsumzug. Gerade in einer funktionierenden Demokratie ist das Nein genauso wichtig wie das Ja. Echte Demokratie ist die Hüterin der Freiheit und lebt von verschiedenen Positionen und Argumenten. Sie wird dann gefährdet, wenn wir nicht mehr mit anderen Meinungen umgehen, diese nicht mehr gelten lassen können. Wir müssen uns wieder darauf besinnen: *Gemeinsam* muss nach der bestmöglichen Lösung gesucht werden. Diese Haltung darf nie verloren gehen. Wer will denn schon in einer Gesellschaft leben, in der es nur Gut und Schlecht,

Schwarz und Weiss, Links und Rechts gibt? Wer in einer Welt, in der andere Sichtweisen ignoriert oder lächerlich gemacht werden? Wer in einer Welt, in der viele Toleranz fordern, aber nur wenige diese auch leben? In einer Welt, in der sich in den unsozialen Schnellschussmedien Shitstorm an Shitstorm reiht?

Den Jungen, den Unerfahrenen im Haifischbecken, möchte ich Folgendes sagen: Sensible Gemüter haben die Tendenz zu leiden. Daher – trainiert es, nicht alles persönlich zu nehmen, wenn ihr be- oder verurteilt werdet. Lasst euch nicht verunsichern oder plagen. Bleibt in der Spur. Vergesst nie: Andere Menschen sehen oder begreifen euch nicht wirklich. Sie sehen und hören euch, wie *sie* sind, und nicht, wie *ihr* wirklich seid. Vielleicht tröstet es, zu hören, dass ich da auch durchmusste. Sei es wegen meiner Haare, meiner Outfits, meines Schulabbruchs, meiner Musik oder wegen meines Lebensstils. Ich bot und biete unzählige Angriffsflächen, und irgendwann lernte ich: Ich will nicht aus meiner Haut raus, sondern fühle mich stark in ihr. Es ist mein Leben, und es sind meine Entscheidungen. Und wenn es mir wohl ist, dann gehe ich auch offen und interessiert auf andere zu.

Und daran fehlt es momentan grad sehr. Hey, wir müssen dringend wieder mehr aufeinander zugehen – vom Herzen aus und vorurteilsfrei. Reden wir wieder miteinander – auch wenn wir nicht die gleichen Standpunkte haben. Reflektieren wir, hören wir einander zu, fragen wir doch nach, anstatt sofort zu kritisieren und uns abzuwenden. Ich möchte allen Mut machen, das, was in den letzten Jahren gelaufen ist, oder immer noch läuft, als ein Trainingslager für die Zukunft zu sehen. Es wird nicht einfach aufhören. Transparente Aufarbeitung wäre wertvoll.

Wir dürfen uns nicht entmutigen oder gar zermürben lassen ob all den schlechten, angsteinflössenden News oder Fake-

News. Die Dosis der harten Diskussionen sollten wir wohltemperieren, auch – oder erst recht – in den Familien. Bleibt respektvoll. Am Erfreulichen, am Hellen, und davon gibt es zum Glück noch viel, können wir uns wärmen und aufbauen. Das Erfreuliche, das Helle wird sich am Schluss durchsetzen.

Lasst uns gute Beobachter sein, wachsam, aber offen! Lasst uns nicht ins Richter-, Moralisten- und Schuldzuweisertum verfallen. Wenn wir das schaffen, wäre das ein gewaltiger Schritt hin zu mehr Toleranz, Frieden und Respekt und würde uns alle freier und glücklicher machen.

Trinke Wein im Vollmondschein

Wein ist Poesie in Flaschen.
ROBERT LOUIS STEVENSON

Auf die Frage, warum ich Rockmusiker geworden bin, habe ich eine einzige Antwort: Die Liebe zur ungestümen Musik war mein Gegenentwurf zur Tristesse der nebligen Provinz, in der ich aufwuchs. Doch halt, eigentlich wollte ich in dieser Geschichte keine Hymne auf die Musik anstimmen, die mich über manches Tief hinweggetröstet und mit dem Himmel verbunden hat, sondern ein Loblied auf den Wein singen. Genau, auf jenen Götternektar, den es bereits seit 6000 v. Chr. gibt. Oh, wie liebe ich – vor allem – diesen roten Tropfen. Freude und Trost zugleich. Was wäre diese Welt ohne Wein?

Schon als Kind reizte mich der Rebensaft – wie vieles, das mir verboten und vorenthalten wurde. Neidisch bewunderte ich die Erwachsenen mit ihren grossartig geschwungenen Gläsern und wie sie sich diesen Zaubertrank einschenkten. Nachts schlich ich hie und da in den Keller, in dem meine Eltern einen wunderschönen kleinen Raum für Wein eingerichtet hatten. Ich nahm die Flaschen scheu und behutsam aus ihren Tonröhren, denn ich wusste, dass man sie nicht zu sehr bewegen darf. Ich bestaunte die edlen Etiketten der Flaschen, fühlte die Kühle des Glases. Einige der Tropfen waren älter als ich – viel älter. Und einige der Flaschen hatten eine Geschichte; das zumindest sagte mein Vater. Dagegen schien meine Bierdeckelsammlung ein Süsswasserabenteuer mit beschränktem Fantasiepotenzial zu sein.

In meiner Studentenzeit in Neuenburg begann ich den roten Saft definitiv zu schätzen. Das hatte auch mit der Rebpflanze selbst zu tun. Für mich gehören Trauben zu den sinnlichsten Früchten überhaupt. Oft wanderte ich damals stundenlang durch die nahe gelegenen Rebberge, sprach mit den Winzern. Einer von ihnen hatte einen Standardspruch: »Der Wein gilt als Sorgenbrecher, doch lediglich für frohe Zecher, denn wer ihn baut und will verkaufen, kann öfter sich die Haare raufen!« Inzwischen weiss ich längst, wie recht er damit hatte. Die Rebenzucht und das Musikmachen haben viele Gemeinsamkeiten. Beide verlangen, dass man sie hegt und pflegt, sich lange mit ihnen befasst, mit ihnen durch Höhen und Tiefen geht, damit man am Schluss das bekommt, was wir uns von den Erzeugnissen erhoffen: etwas Wohlbekömmliches und Abgerundetes. Im Wein und in der Musik liegt Wahrheit. Und Reife lässt sich zu beiden nicht beimischen. Die fordert viel Zeit und noch mehr Geduld.

Kürzlich hatte ich das Glück, in einem Hotel, in dem ich Ferien machte, von einem sehr jungen Sommelier umsorgt zu werden. Ich stellte ihm eine winzige Frage, und sofort erhellte sich sein Gesicht – er merkte, dass er mir nicht einfach nur eine kleine Antwort geben, sondern erzählen konnte. Er war mitnichten einer dieser Sorte, die zu müde scheint, auf Fragen des Gastes einzugehen. Und ohne Zweifel hatte ich seine Leidenschaft gekitzelt. Er müsse sich damit abfinden, dass er dem Wein selten gerecht werden könne, meinte er. Denn ein erlesener Roter, der unmittelbar vor dem Essen ausgewählt und geöffnet werde, habe kaum eine Chance auf den Grossauftritt, also seine gänzliche Entfaltung. Es sei im Grunde eine Schande, einen gut gehegten und monate- oder jahrelang gelagerten Göttertrunk zu konsumieren, ohne dass er die Zeit bekommen habe, sein Feuerwerk zu zünden. Am liebsten, sagte der Goldjunge, der mich mit seinem Herzblut faszinierte, würde er bei den Hotelgästen bereits beim Frühstück die Weinbestellungen für den Abend aufnehmen, damit er die Flaschen früh genug öffnen und den Wein dekantieren könnte. Aber das sei nirgends üblich, und vermutlich würden die Gäste den Kopf schütteln über so ein Ansinnen. Und was tat ich am nächsten Morgen – ich zauberte ihm wieder Sonne ins Gesicht, indem ich ihm die Weinbestellung für den Abend durchgab. Und ja, es hat sich auch für meinen Gaumen mehr als gelohnt.

Faszinierend finde ich als Farbenmensch auch die verschiedenen Schattierungen des Rotweins – da präsentieren sich Tausende von rotvioletten Tönen in voller, einmaliger Pracht. Je nach Lichteinfall wirken seine Nuancen ganz unterschiedlich und können mich in Euphorie versetzen. Genau wie der Duft des Weins, sein Geschmack, das Wohlgefühl, das er mir im Mund gibt.

Das tönt jetzt, als ob ich ein Etikettentrinker wäre, aber weit gefehlt: An Spitzenweinen, die den Trinker schmücken wie die Rolex den Palastbewohner, bin ich gar nicht so sehr interessiert. Klar gibts unglaubliche Bordeauxweine, aber an die wirklich herausragenden kommt man selten heran. Mein selig machendes Bettmümpfeli kann gerne aus dem Discounter stammen und ein gelbes Nötli und drei Fränkli kosten. Besonders mag ich Merlot-, Rioja- und Cabernet-Sauvignon-Weine. Ich degustiere mich gern quer durch alle drei Sorten hindurch, um immer wieder mal einen neuen Geschmack zu entdecken.

Ganz besonders mag ich jedoch den als ursprünglich amerikanische Rebsorte bezeichneten Zinfandel. Längst ist aber klar, dass es sich dabei um Primitivo handelt. Er verwöhnt mich mit diesem fruchtigen Zimt-Nelken-schwarzer-Pfeffer-Aroma dunkler Waldfrüchte, das ich so mag. Er hat kaum Säure und raubt mir keine Lebensgeister. Nach ein paar abendlichen Gläsern stehe ich bei Sonnenaufgang – ohne den geringsten Kater – auf und sage: »Der Tag kann kommen und der Weinlieferant grad auch.«

Meine Lieblings-Weinworte fand ich in folgendem Gedicht von OMAR CHAJJAM, einem persischen Astronomen, Philosophen und Dichter, dessen Büchlein mir Polo Hofer einst schenkte.

Heiter zu sein und Wein zu trinken, ist meine Regel,
frei zu sein von Glauben und Unglauben meine Religion.
Ich fragte die Braut des Schicksals, was ihre Mitgift sei:
»Dein frohes Herz«, antwortete sie.

Da niemand ein Pfandrecht hat aufs Morgen,
erfreue dieses ruhelose Herz.
Trinke Wein im Vollmondschein, denn der Mond, Liebste,
wird noch lange wiederkehren und uns nicht finden.

Himmlisch

Um zu komponieren, braucht man sich nur an eine Melodie zu erinnern, die noch niemandem eingefallen ist.
ROBERT SCHUMANN

»Song geklaut!« So lautete die fette Schlagzeile des Sonntagsblatts. Das war besonders frustrierend, da Steve Lee und mir mit der Ballade »Heaven«, die wir für Gotthard komponiert hatten, etwas gelungen war, was einem Songwriter nur selten im Leben gelingt: eine Goldsingle, die seit Wochen ganz oben in den Charts stand. Der Song war so stark, dass er alle anderen toppte. Ein Hit vom ersten bis zum letzten Ton, und jetzt das – ein Plagiatsvorwurf. Wir waren in die Fänge der selbst ernannten Soundpolizei geraten.

»Haste mal einen Nummer-eins-Hit, kommen sie aus allen Löchern und behaupten, es sei ihr Song«, sagte einmal der italienische Musikproduzent und Komponist Giorgio Moroder, der im Filmbusiness viele Preise gewann. Darunter drei Oscars. Einen für die beste Filmmusik im Film »Midnight Express« und je einen für den besten Song in den Filmen »Flashdance« (»What a Feeling«) und »Top Gun« (»Take My Breath Away«).

Zu behaupten, dass ein Song geklaut ist, ist das eine, dies dann aber auch zu beweisen, ist für die Jammerkläger und Klugschreiber allerdings schon etwas schwieriger. Diese Leute wollen nicht wahrhaben, dass es in einer Musik, die auf den zwölf Tönen der chromatischen Tonleiter basiert, nach mehreren hundert Jahren ganz einfach Parallelen zwischen diversen Liedern geben *muss*. Da gibts auf der Gitarre wie auch auf dem Piano schon längst nicht mehr viel Neues zu drücken. Deshalb kommt es auf das »Wie« an: Wie man einen Song bringt, interpretiert und mit welcher Würze man ihn zum Leben erweckt – *das* ist ausschlaggebend. Und natürlich die Melodiefolge. Ganz oben angekommen – Moroder lässt grüssen –, wird die Luft eh immer dünner und der Neid der Konkurrenz immer grösser. Mit anderen Worten: Den Musikern flattern die Hosen, und die Rechtsanwälte machen gute Geschäfte.

Immer wenn ich einen Song schreibe oder dies zumindest versuche, herrscht in mir eine bestimmte Grundschwingung. Das ganze Unterfangen ist eine Frage der momentanen Stimmung und vor allem der geschärften Wahrnehmung. In mir drinnen muss es swingen und klingen. Im besten Fall öffnet die innere Bereitschaft, zu komponieren, die Schleusen und setzt ein Reissen, eine Sehnsucht nach Klängen frei. Ich kritzle ein paar Sätze, Tonfolgen oder Akkorde in ein Heft, versuche, mir ein Bild vom Lied zu machen – in der Erwartung einer plötzlichen Offenbarung. Dann lasse ich meinen Geist locker umherschweifen und bin für alle Zeichen offen. Die Saiten und Tasten immer in und unter den Fingern oder zumindest in Reichweite. Die wichtigste Zutat für diesen Job: Ruhe. Denn die Botschaften, die mir der Himmel sendet, sind weiss Gott zart und eher spärlich gesät. Ein Songwriter muss der Geburt eines wirklich grossen Wurfs mit einer gewissen Andacht und Musse beiwohnen; er darf nicht das verscheuchen, was schon von selbst da ist, und muss auf das warten können, was vielleicht noch kommt. Das tönt abgefahren, aber genau so ist es.

Ich muss immer wieder lachen, wenn ich sehe, wie mein Umfeld auf diese unsichtbare Knochenarbeit reagiert: »Ja, klar, du bist am Komponieren, aber was arbeitest du eigentlich?« Und was dabei in ihren Augen zu lesen ist, spricht Bände. Viele werden nie verstehen, dass ein Musiker, der auf einem Sofa ruht und auf den richtigen Moment wartet, ein hart arbeitender Typ sein kann. Der äussere Schein trügt auch hier.

Aber Vorsicht – eines ist mir in all den Jahren des Songschreibens klar geworden: Sowohl die grosse Liebe als auch den ganz grossen Song kannst du weder programmieren noch erzwingen. Entweder es macht klick, du spürst die Magie des Augenblicks und darfst die neue Liebe oder die perfekte Melodie locker pflücken wie eine reife Frucht – oder du musst es schnellstens vergessen. *Sei einfach bereit, wenn Gott durch den Raum geht*, sagte einst der US-amerikanische Erfolgsproduzent und Jazztrompeter QUINCY JONES.

Aber zurück zu »Heaven« – Steve Lee und ich hatten diesen Wurf in mehr oder weniger zwei fiebrigen Stunden an meinem Flügel in Solothurn geschrieben. Der Sturm, der sich im Sonntagsblatt angekündigt hatte, war dann aber einer im Wasserglas und dementsprechend von sehr kurzer Dauer: Weder von der Soundpolizei noch von sonst irgendwem haben wir je wieder etwas gehört. Es ist ganz offensichtlich bedeutend einfacher, eine reisserische Schlagzeile zu kreieren als den ultimativen Nummer-eins-Song. Zum Glück!

Hey, Alter!

Jugend hat kein Alter.
PABLO PICASSO

»Fühlst du dich eigentlich wie siebzig?«, fragte mich kürzlich eine etwas jüngere Dame und erlebte mich ungewohnt wortfaul. Ja, ich habe ein Alter. Es ist in absoluten Zahlen zu beziffern, aber trotzdem relativ. An manchen Tagen fühle ich mich wie dreissig, putzmunter und frisch. Dann kommt es aber nach wilden Proben oder Konzerten auch vor, dass sich diverse Knochen und Muskeln zu Wort melden. Ein Hangover nach Festivitäten dauert mittlerweile deutlich länger, und mein Darm zeigt sich phasenweise auch sehr launisch. Die Wissenschaft lässt stark vermuten, dass ich mich zum jetzigen Zeitpunkt am Anfang meines letzten Lebensdrittels befinde. Ich wandle sozusagen in den goldenen Sonnenuntergang und damit folglich in den defizitreichsten Abschnitt meines irdischen Lebens. Ein eigentlich perfekter Zustand: ausgewachsen und doch noch *vor* dem definitiven Zerfall. Fühle ich mich eigentlich wie siebzig? Ich kann es weder bestätigen noch dementieren.

Besuche ich meine Bekannte Trudi im Altersheim, fühle ich mich fast beschämend jung. Unlängst hörte ich dort, wie eine ältere Frau ihrer Tischgenossin bei meinem Anblick zuflüsterte: »Da sind wir nichts mehr dagegen!« Ich entgegnete: »Liebe Frau, ich bin auch schon siebzig und habe nur gerade einen guten Tag.« Sie lächelte und glaubte mir kein Wort.

Schlendere ich samstagabends durch Solothurn, stelle ich fest, dass nun bereits diejenigen in den Ausgang dürfen, die fünfundfünfzig Jahre jünger sind als ich Greis. Unterhalte ich mich mit solchen Frischlingen, erschrecke ich jedoch oft über ihre Unwissenheit in vielen Dingen, und es ist mir manchmal unbegreiflich, wie wenig sie mitgekriegt haben von Gott und der Welt. Denke ich allerdings zurück, dann muss ich gestehen, dass ich als junger Bursche auch meistens nur so in den Tag hinein gelebt habe. Sprach mich jemand auf ein aktuelles Thema an, beurteilte ich das einfach nach meinem Instinkt und meiner bisherigen Lebenserfahrung – häufig lag ich natürlich bös daneben, aber hie und da traf ich gerade wegen dieser Unbekümmertheit den Nagel auf den Kopf.

Ich sehe es als Privileg an, meinen Weg gehen zu dürfen, ohne dem Druck eines Gruppendiktats folgen zu müssen. Ich kann heute frei entscheiden, mit welchen Menschen ich mein Leben teile, was ich tue, wie und wo ich mein Zuhause einrichte, aus welchem Glas ich trinke, welche Filme ich anschauen möchte, und ich sitze an meinem eigenen Tisch und habe Ruhe, wenn mir danach ist. Das ist ein Geschenk, und ich weiss es zu schätzen. Ferner gönne ich mir den Luxus einer eigenen Meinung, die sich aus sehr unterschiedlichen Quellen, Studien und verbalem Austausch mit Gleich- und Andersgesinnten plus eigener Intuition zusammensetzt. Wenn ich dabei gegen den Strom schwimme, dann macht mir das weniger aus, als wenn ich mich selber belügen müsste. Alter ist schön!

Meinen Körper, meine »Hardware«, der meine Seele, mein Ich quasi durch mein Leben chauffiert, habe ich in all den Jahren gut kennen gelernt, und ich identifiziere mich angemessen mit ihm. Mal mehr, mal weniger. Obwohl ich zunehmend Zweifel hege, ob ich tatsächlich mein eigenes Schicksal, mein Glück, meinen Weg selbst bestimme, bedeuten mir meine Gesundheit und meine scheinbare Entscheidungsfreiheit viel. Auch wenn ich bloss ein kleines Körnchen im Treibsand darstelle, so bin ich doch Teil eines grossen Ganzen, das die Verantwortung darüber trägt, was aus mir, uns und der ganzen Welt wird.

Ich glaube sogar, es ist ein Zeichen von Reife, zu erkennen, welche kindlichen Eigenschaften man sich erhalten sollte, um als Mensch vollständig zu sein. Oder wie es HENRY MILLER so treffend sagte: *Das Wichtigste ist, sich die Überlegenheit anzueignen und im Alter den Mut zu entwickeln, das zu tun, was Kinder taten, als sie noch nichts wussten!*

Das Alter ist nichts für empfindsame Menschen. Einige sehen in ihm vor allem ein Massaker. Das stimmt – auch –, aber mich freut es trotzdem, in einem Alter angekommen zu sein, in dem einen die Menschen etwas mehr schonen. Ich denke, dem Siebzigjährigen wird, ähnlich wie dem Fünfjährigen, eine gewisse Laisser-faire-Sympathie entgegengebracht. Die Amis sagen es so: »He's been around the block!« Und sagen damit: Er hat viel gesehen und erlebt, begegnet ihm mit Respekt – lassen wir ihn doch in Ruhe!

Heute muss ich mir und anderen nicht mehr so viel beweisen. Meine Mitmenschen wissen ziemlich genau, was sie an mir haben, und ziemlich exakt, was nicht. Das ist ein guter Zustand, und es ist mir mittlerweile absolut wurst, was andere von mir halten und wie sie leben oder eben nicht. Ich bin im Jetzt, die Vergangenheit kann ich als »gut gemeistert« abhaken, und die Zukunft ist nicht mehr so wichtig wie früher. Ich will so kindlich, naiv, offenherzig, begeisterungsfähig und ehrlich leben und lieben, wie es nur geht. Denn ich bin mir nicht sicher, ob es ein nächstes Leben und damit eine weitere Chance gibt. Meine Liebste denkt da etwas anders, aber sie ist auch noch jünger, und vielleicht hat sie ja recht. Und wenn dem so wäre, würde ich es tapfer annehmen.

Dass die kommenden Jahre eventuell etwas schwieriger und schmerzvoller sein werden, ist mir bewusst. Ich rechne damit, immer mehr Namen zu vergessen und dem Rücken- und dem Rheumateufel zu begegnen. Die Sehschärfe lässt schon länger nach, und ans schöne Durchschlafen ist auch nicht mehr zu denken. Was noch kommt, könnte schon an die Nieren und Nerven gehen. Aber vom Wetterleuchten des wahren Lebens angestrahlt, versuche ich, diese Nöte zu überwinden, und will weder mich noch meine Mitgenossen ins Jammertal ziehen. Dem Leiden und dem Tod gewachsen zu sein, ist die Aufgabe des Alters. Das ist im Preis inbegriffen.

Klar muss ich mich irgendwann von meinen Liebsten und den edelsten Freunden verabschieden – unweigerlich! Spätestens dann werde ich die Tatsache, dass wir nicht ewig leben und dass alles mal zu Ende geht, wohl verfluchen und das Alter in seiner negativsten Form schmerzlich spüren. Aber bis es so weit ist, lebe ich nach dem Motto: »Hey, Alter, auch dich werde ich noch überwinden!«

Apfelliebe

An apple a day keeps the doctor away.
REDEWENDUNG

Es ist schon grossartig, in einen knackigen, fruchtigen Apfel zu beissen. Schon als Kinder stiegen wird über Hecken, um dem Nachbarn ein paar Äpfel zu klauen, die er eh immer am Baum oder am Boden verrotten liess. Der Nervenkitzel, dem gehässigen alten Mann mit Schrotflinte zu begegnen, war es uns wert. Viel Besseres, und erst noch gratis, gab es nicht. Was für wunderbare Nahrungsspender und Freudenbringer sie doch sind, diese runden Wonneproppen. Allein schon ihre Blütenpracht versetzt mich immer wieder ins Staunen.

Die Geschichte des Apfels reicht weit zurück. Und ich rede jetzt nicht von Adam und Eva. Nein, ich beziehe mich auf die Pomologen, die Obstbaukundler, die einiges zu berichten wissen über diese Wunderfrucht. Schon die alten Römer beherrschten die Kunst der Apfel-Veredelung und züchteten Dutzende von Sorten, die zum Teil bis heute überlebt haben. Auch die Eidgenossen haben nach Tells geglücktem Apfelschuss schon früh etliche Arten gezüchtet. Obst gehörte, neben dem Hirsebrei, zu den wichtigsten Elementen der täglichen Ernährung. Durchs Haltbarmachen konnte die Versorgung für das ganze Jahr, in allen Höhenlagen und auf unterschiedlichen Bodenarten sichergestellt werden. Vor vierhundert Jahren übernahm dann der Erdapfel, also die Kartoffel, die Führung als Grundnahrungsmittel.

Doch noch vor hundert Jahren hatte fast jede Ortschaft einen Baumgartenring, und die Strassen waren mit Obstbaumalleen gesäumt. In den Gärten gabs unzählige lokale Obstbaumsorten, bereit für fast jede Jahreszeit und unterschiedliche Verarbeitungen. Im Jahr 1951, meinem Geburtsjahr also, wurden in der Schweiz rund fünfzehn Millionen Hochstamm-Obstbäume gezählt. Heute bereichern nur noch gerade zwei Millionen unsere Landschaft. Mittlerweile wird praktisch das gesamte Tafelobst auf Niederstammbäumen produziert. Gefordert werden makellose, transport- und lagerfähige Früchte. Dies geht nur mit aufwendiger Pflege der Bäume. Ein erwachsener Hochstammbaum liefert bis zu dreihundert Kilo Äpfel, ein Niederstamm nur circa zehn Kilogramm.

Wusstest du, dass die Apfelwickler-Schmetterlinge ihre Eier auf die Früchte legen? Die hungrigen Larven bohren sich dann ins Innere und werden zum Wurm im Apfel. Sie wollen halt auch etwas Götterspeise.

Natürlich habe ich in meinem Garten auch ein paar Apfelbäume gepflanzt. Die Berner Rose zickt noch etwas rum, wie könnte sie auch anders? Dafür liefert die Goldparmäne dermassen viele Äpfel, dass ich immer wieder einzelne Zweige entlasten und ein paar Früchte rausschneiden muss. Auf dem Nachbargrundstück stand jahrzehntelang ein wunderbarer Sauergrauech-Baum. Seine Blüten und Früchte waren sensationell. Leider kippte er letztes Jahr bei einem Sturm einfach um. Ich trauere ihm noch immer nach. Sein Stamm liegt noch da, und einzelne junge Zweige spriessen empor. Zu einer echten Auferstehung wird es aber wohl nicht kommen. Leider!

Mittlerweile hat der Apfel grosse Konkurrenz bekommen. Wir sind verwöhnt mit Massen von Obstprodukten. Für mich bleibt der Apfel aber das Brot unter den Früchten. Die perfekte

Zwischenmahlzeit. Ich konnte sogar meine Liebste, die eher auf Feigen, Zwetschgen und Pfirsiche steht, für die Äpfel begeistern. In der Zeit, wenn unsere eigenen Bäume nichts abwerfen, decken wir uns am Wochenmarkt je nach Jahreszeit mit wechselnden Köstlichkeiten ein – am liebsten mit Abkömmlingen alter Apfelsorten.

Alles, was mit Äpfeln zu tun hat, brachte mir zeitlebens viel Freude. Am Anfang stand der Genuss. Dann kamen die Beatles mit ihrem 1968 gegründeten Musiklabel Apple Records, dessen Apfel-Logo, ein Granny Smith, vom belgischen Surrealisten René Magritte inspiriert war und das acht Jahre später zu einem Markenstreit führte, der sage und schreibe fünfundzwanzig Jahre dauerte. Womit wir beim angebissenen Apfel wären, der meinen Computer, mein I-Phone, meine Kopfhörer, mein Tablet ziert. Und dann ist da natürlich noch die Apple-Aktie, die jahrelang nur einen Weg kannte: den nach oben.

Ich wurde nie enttäuscht, wenn ich auf Äpfel setzte. Ich biss auch hie und da in einen sündigen. Im Gegensatz zu Adam und Eva brachte mir diese Wunderfrucht jedoch meistens Glück. Heute bin ich sogar am Überlegen, ob ich eine eigene Sorte züchten soll. Den Namen hab ich schon: Shalimar. Das ist Persisch und bedeutet: die reinste aller menschlichen Freuden.

Oh, ihr Äpfel, ich liebe euch!

Bel Ticino

Die Tiefe ist im Klaren und Heiteren.
HERMANN HESSE

Irgendwann in meinem Leben erklärte man mir, dass es da im Süden unseres Landes einen Kanton gebe, wo alles etwas lockerer und sonniger liefe. Das klang nach Verheissung, aber es sollte noch Jahrzehnte dauern, bis ich das Lied und den Geschmack dieses Fleckchens Schweiz genauer kennen lernte.

Etwas Geschichte: Ich erfuhr, dass 1220 mit der Bezwingung der Schöllenenschlucht und dem ersten Saumweg über den Gotthard frühe Signale aus dem Süden in die deutsche Schweiz kamen. Diese reichten bis in den Bundesbrief von 1291, wo sich auch italienische Ausdrücke finden. Dazu muss man wissen, dass das Tessin nach der Schlacht von Marignano von der alten Eidgenossenschaft als Untertanenland verwaltet wurde. Jahrhunderte später wurde es von Napoleon Bonaparte vor die Wahl gestellt: Entweder man gehöre zur Lombardei oder zur Helvetischen Republik. Darauf antworteten die Tessiner mit der Parole »Liberi e svizzeri«, und das Gebiet wurde 1803 endlich zu einem der neunzehn gleichberechtigten Kantone der Schweiz.

Das Tessin und seine Menschen wollten schon damals klar zur Schweiz gehören, und das ist bis heute so geblieben, obwohl deren Anliegen in Bundesbern immer wieder gerne überhört werden. Es ist nicht ganz einfach für sie, mit der Nähe der Millionenstadt Mailand und täglich fast achtzigtausend Grenzgängern. Die Folgen der Personenfreizügigkeit mit der EU bekam das Tessin deutlicher zu spüren als Basel, Genf oder der Rest der Schweiz. Und man fühlte sich von Bern im Stich gelassen. Die Politiker im Schaltzentrum täten gut daran, sich etwas mehr mit den Anliegen dieses Kantons zu befassen, anstatt ihm nur hie und da paternalistisch und gönnerhaft einen Sitz im Bundesrat oder sonst ein kleines Stück des Kuchens zu gewähren. Marco Solari, der bis in diesem Jahr während mehr als zwanzig Jahren das Locarno Film Festival leitete und sich immer wieder fürs Tessin einsetzte, brachte es unlängst auf den Punkt: »Wir sind auch gute Schweizer und bringen der Schweiz Italianità, eine andere Art zu denken, zu träumen, zu reden und Probleme anzugehen.«

Ich kann ihm nur voll zustimmen und habe es während der jahrzehntelangen Zusammenarbeit mit der Tessiner Band Gotthard selbst erlebt. Eine gewisse Grosszügigkeit und viel Herz triumphierten. Die Jungs bewiesen auch, was man gemeinsam erreichen kann, wenn man an seine Träume glaubt und Vollgas gibt. Nebst der grandiosen Stimme von Steve Lee lag das auch an dem unbändigen Vorwärtsreisser Leo Leoni, dem Gitarristen. Er stammt aus Lamone, einer kleinen Gemeinde im Bezirk Lugano, in der knapp zweitausend Menschen leben. Seine Eltern glaubten an ihren Sohn – mehr als Steves Vater an seinen –, doch dazu später mehr. Leo glaubte an seinen Traum. Da es im Tessin mehr Optimismus, Risikobereitschaft und weniger Das-geht-nicht-Gejammere gibt, konnten wir sehr schnell zusammen durchstarten. Eine grossartige Geschichte aus dem Süden unseres Landes.

Auch als ich letzthin wieder im Tessin war, um mit den Boys an neuen Songs zu tüfteln, lag dieser beschwingte Vibe sofort wieder in der Luft. Natürlich hat dieses Gefühl auch etwas mit dem leicht subtropischen Klima und den extrem feinen Speisen vor Ort zu tun. Da bleibt kein Wunsch offen. Ich besuche auch immer wieder gerne das schöne, genau wie das Filmfestival alljährlich stattfindende »Moon & Stars«-Festival auf der Piazza Grande in Locarno. Eine einmalige Umgebung, um Musik zu hören oder selbst zu spielen.

Einer meiner liebsten Plätze, nebst dem magischen Maggiatal, ist aber der Monte Verità in Ascona. Immer wieder inspirierend. Früher experimentierten dort Künstler mit neuen Lebensformen und Ausdrucksweisen. Sogar Hermann Hesse liess sich vom Groove anstecken und machte in dieser Umgebung seine ersten Malversuche. Und wenn wir schon bei meinem Lieblingsschriftsteller sind: Ich kann einen Besuch im liebevoll gestalteten Museo Hermann Hesse in Montagnola, wo auch sein schlichtes Grab ist, nur wärmstens empfehlen. Es gibt da viel zu entdecken über diesen spirituellen Dichter, der immer nach Authentizität suchte. Er beschrieb und malte dieses einmalige Fleckchen der Schweiz auf unvergleichliche Art. Hesse wusste genau, warum er seinen Lebensabend im Bel Ticino verbrachte. Eine Entscheidung, die ich nicht traf – aber der Bahnhof ist ja nahe.

Der sanfte Gigant

Es gibt eine Melodie in allem. Finde sie, dann kannst du dich mit allen Herzen weltweit verbinden. Nichts ist stärker als eine Melodie, und nichts bleibt länger.
CARLOS SANTANA

Meine Geschichte mit Gotthard begann vor dreissig Jahren. Damals traf ich im Tessin eine unbekannte Band namens Krak. Die Musiker suchten einen Coach und ich einen Job. Ich wurde Produzent, Mentor und Co-Songwriter, und nach einigen Anfangswehen und musikalischen Justierungen machten wir 1991 aus Krak Gotthard. Ein Jahr später erschien ihr Debütalbum, und das Ganze wurde zu einer Erfolgsstory. Leider mit einem tragischen Ende.

Ihr alle wisst es: Der Leadsänger Steve Lee wurde nicht durch Krankheit oder Drogen, sondern durch einen unglaublich grotesken Verkehrsunfall aus dem Leben gerissen. Seine Schutzangels waren nicht bei ihm, als er am 5. Oktober 2010 mit einer Gruppe Motorradfahrer am Rande der Interstate 15 zwischen Mesquite und Las Vegas anhielt, um seinen Regenschutz anzuziehen. Auf der noch regennassen Strasse hatte ein junger Lastwagenfahrer sein Tonnengefährt nicht im Griff und fuhr seinen Anhänger in die stehenden Motorräder. Diese wirbelten durch die Luft und eines davon erschlug Steve. Alle anderen Mitglieder der Reisegruppe blieben glücklicherweise unverletzt. Was nur wollten uns die Götter der Totenwelt sagen? Es fällt mir auch heute mehr als schwer, in diesem Unfall einen tieferen Sinn zu finden.

Obwohl – warnende Vorzeichen gab es. Im selben Jahr hatten Steve und seine Lebensgefährtin bereits einen Autounfall in Italien. Zudem kamen Zweifel auf, ob es überhaupt möglich war, die Reise in den Vereinigten Staaten anzutreten. Steves US-Reisevisum war, wie meines damals auch, gesperrt, weil wir beide einen »overstay« hatten, das heisst, wir waren zuvor länger in den USA geblieben als erlaubt. Aber – das Visum wurde schliesslich doch noch ausgestellt. Extrem kurzfristig, nur gerade einen Tag vor Steves Abflug! Irgendwie unheimlich. Zu fragen, was wäre, wenn, ist müssig. Die Realität ist, wie sie ist. Steve, da bin ich mir sicher, wurde aus dem Kokon zum Schmetterling. Und wir, die trauernd zurückblieben, mussten lernen, mit seinem Tod zu leben.

Ohne zu übertreiben, haben wir damals den stärksten und besten Rocksänger verloren, den unser Land je hervorbrachte. Bei all den Komponier-Sessions, die wir über elf Jahre gemeinsam am Klavier oder mit Gitarren machten, hätte Steve sogar die Namen aus dem Telefonbuch singen können, es hätte immer noch nach Weltklasse getönt. Da waren Kraft, Spirit und dieses unglaubliche Timbre in all seinen Stimmlagen: fett, warm und nie forciert. Der legendäre, leider auch verstorbene Tastenmann von Deep Purple Jon Lord sagte nach einem gemeinsamen Live-Auftritt, bei dem Steve den Deep-Purple-Klassiker »Child in Time« sang, er habe noch nie eine solch fehlerlose, auf den Punkt gesungene Stimme gehört. Und er hatte recht. Steve war definitiv ein Ausnahmetalent.

Ich erinnere mich an einen Schreckmoment: Wir waren wieder einmal zu Album-Aufnahmen in L.A., in den altehrwürdigen A&M-Studios. Plötzlich war Steves Stimme weg.

Einfach so. Niemand wusste, warum. Er regte sich unsäglich auf. Alles Zureden, er solle sich beruhigen, half nichts. Nach drei Tagen brachten wir ihn zum Hals-Nasen-Ohren-Arzt Dr. Joseph Sugerman, der in Beverly Hills seit Jahrzehnten alle Starsänger behandelte. Nach kurzer Untersuchung diagnostizierte er Austrocknung – ein Air-Condition-Problem, das auf die Stimmbänder schlug. »Gehen Sie eine Woche nach Hawaii, Mister Lee«, war seine Medikation. Und obwohl diese Insel seit langem Steves Traumdestination war, mussten wir ihn tagelang dazu überreden, hinzufliegen, während wir weiterarbeiteten. Es war ihm total peinlich.

Ja, so war er. Immer zuerst die anderen, dann er, und an erster Stelle der Job. Es war oft unfassbar, ja phasenweise fast schon schmerzhaft, wie bescheiden, zurückhaltend und auch unsicher dieser Mensch war. Natürlich hatten seine Charakterzüge etwas mit Steves Herkunft und seinem früheren, eher konservativen Umfeld zu tun. Nur wenige ermutigten ihn, seinem grossen Traum vom Rockmusiker zu folgen und seinen Weg kompromisslos zu gehen. Man machte und hielt ihn klein, trimmte ihn – typisch schweizerisch – auf Sicherheit und Vorsicht. Dass er sich daraus befreien und das pure Gegenteil vom wilden, abenteuerlustigen und freiheitsliebenden Rock 'n' Roll leben lernte, das ist tröstlich.

Er konnte es seinem Vater, vor allem in den wichtigen Anfangszeiten, selten recht machen. Die beiden waren sich in vielerlei Hinsicht fremd. Das drückte bei Steve immer wieder durch. Wir sprachen oft darüber, und ich schlug vor, gemeinsam einen Song zu diesem ewigen Vater-Sohn-Konflikt zu machen. Mir fiel der Titel »Father Is That Enough?« – »Vater ist das genug?« – ein, und daraus entstand eine wunderschöne Ballade, die auch heute noch aktuell und berührend ist. Seine Botschaft: Vater, deine

Vergangenheit ist nicht mein Leben und auch kein Glücksspiel mit meiner Seele – ich habe meinen Weg gefunden.

Ein Highlight seiner Karriere war sicher auch die Zusammenarbeit mit der charismatischen Montserrat Caballé. Die grosse Dame der Oper hatte unseren Song »One Life, One Soul« für ein Duett auf ihrem Album ausgesucht. Wir mussten erst mal stundenlang in einem Studio in London auf die Bescherung warten und lungerten herum, ergötzten uns an der Partitur von »One Life, One Soul«, die eigens für die Diva fein säuberlich herausgeschrieben worden war. Sie wollte also das Duett mit Steve nach Noten singen. Ja, dann mal prost! Die spanische »Mountain Mama« traf dann mit dreistündiger Verspätung ein und begrüsste uns mit einem herzlichen: »Wie gehts euch, meine lieben Kinder? Schon gefrühstückt?« Unser Ärger über ihr grosszügiges südländisches Zeitverständnis verpuffte augenblicklich. Wir konnten ihr einfach nicht böse sein, und mit ihrem Charme und ihrem Humor eroberte sie unsere Herzen im Sturm. Ich musste der lieben Frau dann aber nahelegen, die Wörter etwas zackiger und beschwingter als in der Klassik zu singen, um im Fluss des Songs zu bleiben. Die Diva war sichtlich nervöser als wir. Steve, ganz Gentleman, half ihr mehrmals aus der Bredouille. Er kniff sie auf ihr Verlangen hin jedes Mal leicht in den Arm, wenn sie Gefahr lief, rhythmisch am Song vorbeizusingen oder ins Vibrato-Valley abzudriften. Nach einigen Versuchen hatten wir das Lied schliesslich im Kasten.

Unvergessen dann – 1997 – das einmalige Sommernachtskonzert mit Special Guest Montserrat Caballé auf der Piazza Grande in Locarno. Ein Hubstapler hievte die vollschlanke Dame direkt auf die Bühne. Dort zeigte sie uns allen dann, warum sie zu Recht zur Weltspitze gehörte. Der Moment, als sie zusammen mit Steve sanft und mit leicht brüchiger Stimme »One Life, One Soul«

anstimmte, wird für mich immer unauslöschlich in Erinnerung bleiben: Ein unvergängliches Engelsduett zweier Giganten, das noch lange bei allen Anwesenden nachhallte und – Youtube sei Dank – noch heute beweist, wie stark und berührend Musik sein kann!

Jahre später, bei einem Nachtessen in seinem Haus in Lugano, sagte Steve zu mir: »Weisst du, ich glaube, es hätte auch alles ganz anders kommen können, und ich wäre Goldschmied und Bonsai-Züchter geblieben.« Wir lachten und wussten beide, dass das Leben oft unergründliche Wendungen nimmt und der Ruf des Rock'n'Roll für jene, die ihn spüren, einfach zu gross ist. Steve hatte ein grosses Herz. Zu einem meiner Geburtstage schenkte er mir eine Amethystdruse, diese riesige, violettfarbene Kristallgruppe in Form einer kleinen Höhle. Man kann die ganze Hand hineinhalten und die verschiedenen Steine ertasten. Ein wunderbares Geschenk. Ich habe es auf meinem alten schwarzen Steinway-Flügel, an dem der Song »Heaven« entstand, platziert. Und dort steht das Edelsteinwunder heute noch.

Steve ist zwar von uns gegangen, aber ein Mensch ist erst wirklich tot, wenn niemand mehr an ihn denkt. Auch wenn von jedem von uns letztlich nur ein Häuflein Sternenstaub übrig bleibt und das Erdenleben oft voller Strapazen war, hinterlassen wir hoffentlich etwas für kommende Generationen. Steves Nachlass wird noch lange nachklingen. Er nahm seine Fans mit auf eine musikalische Reise, die für ihn viel zu früh endete. Mögen die Gotthard-Songs »One Life, One Soul«, »Let It Rain«, »Sister Moon« und »Heaven«, getragen durch seine einmalige Stimme, weiterhin den Staub von den Herzen der Menschen wischen und sie weltweit verzaubern. Grosses Dankeschön, Steve!

Einer für alle

*Es war ein wunderschöner Augenblick, als
der Bundestrainer sagte: »Komm, Steffen,
zieh deine Sachen aus, jetzt gehts los.«*
STEFFEN FREUND

Von klein auf bin ich Bällen nachgerannt. Und je grösser ich wurde, desto farbiger und raffinierter wurden sie. Ich spielte als Stürmer, ich wollte Tore schiessen – vor allem aber liebte ich es wie viele Musiker, mit Gleichgesinnten rumzukicken und Spass zu haben. Heute spiele ich mit meinen wilden Nachbarjungs, aber sehe auch gerne zu. Ich freue mich daran, wie sie freudig rumkicken, kämpfen und wild argumentieren. Die Spielregeln haben sich nicht geändert, aber das Spiel wurde schneller, und die Idole sind andere. Aber nach wie vor lehrt es uns, nach gewissen Regeln zu siegen oder in Würde zu verlieren, was nicht immer einfach ist. Insgesamt ist es ein Spiel, das unser Dasein bereichert.

Die letzte Fussball-WM der Männer 2022 in Katar ist längst vorbei, gut so. Soeben haben wir uns an der WM der Frauen erfreut. Ich schaute den Torjägerinnen gerne zu. Und freute mich an den Feuerwerken, die sie immer wieder zu zünden wussten. Fussball ist und bleibt die wichtigste Nebensache der Welt: Spielfreude, volle Ränge, unvergessliche Momente – all diese Eindrücke sind mir hier ein paar Gedanken wert. Wie ein Rausch ist jede WM – die Welt scheint für einen Moment etwas verbundener, freudiger und versöhnlicher. Was macht dieses Spiel so mächtig? Der Negativdenker sagt vielleicht, das sei doch analog zum alten Rom: Gebt ihnen Brot und Spiele, so wird das Volk zufriedengestellt und ist abgelenkt von politischen Machenschaften und Problemen. Der Papst ergänzte, der Schrei nach Brot und Spielen sei eigentlich der Ausdruck für das Verlangen nach dem paradiesischen Leben, also eine versuchte Heimkehr nach Eden. Wie auch immer: Fussball verbindet die Menschen über alle Grenzen hinweg in exakt denselben Seelenlagen – da ist Hoffnung, da sind Ängste, Freuden und Enttäuschungen.

Aber es ist noch mehr: Das Fussballspiel fördert Durchhaltewillen, Kameradschaft und Disziplin. Auf dem Feld müssen Überlegenheit und Freiheit erst erarbeitet werden. Dazu kommt das Sich-Einfügen in die Gemeinschaft. Das Einordnen des Eigenen ins Ganze. Einzelne, einsame Stargeiger wie Kylian Mbappé, Neymar oder Ronaldo können kein Turnier gewinnen – es ist das »wir«, das einen Sieg möglich macht, das »zusammen«, die Gemeinschaft, das ist entscheidend. Es klappt nur, wenn jeder für jeden da ist und alles, aber auch wirklich alles gibt. Das hat die argentinische Mannschaft in Katar wunderbar gespiegelt und uns vor Augen geführt: Keine Überheblichkeit im Sieg, grosser Zusammenhalt und echte Wertschätzung auch denen gegenüber, die sich hinten anstellen mussten und nicht zum Zug kamen. Ich sah schon viele WM-Finals in den letzten Jahrzehnten. Oft waren sie verkrampft und unattraktiv. 2022 löste das Spiel Frankreich gegen Argentinien alle Versprechen ein. Es war schlicht der beste Final aller Zeiten und unwiederholbar. »Wer friert uns diesen Moment ein? Besser kann es nicht sein!« Danke, Andreas Bourani, für deinen »Auf uns«-Song.

Wie immer nach so einer Grossparty werden nicht nur die Spieler und Trainer, sondern auch die Veranstalter gezwungen, über die Resultate, aber auch über ihr Wirken zu reflektieren. Die Fifa steht zu Recht ständig am Pranger und muss aufpassen. Auf vieles! Ich gehöre zwar nicht zu den Ewig-Bashern dieser Organisation und glaube auch nicht, dass ein Michel Platini sie besser führen würde. Geschiebe und Gemauschel gibts in allen Grossbetrieben. Trotzdem sollten Infantino und Co. vielleicht ein paar Dinge überdenken. Klar bestimmt der Markt auch den Preis. So läuft das in einer freien Marktwirtschaft, aber wenn das Spiel immer mehr zu einer geldschröpfenden Industrie verkommt, wirds kritisch. Zu Verdorbenes wird eines Tages zum Bumerang. So geschehen bei den Musikkonsumenten, die sich durch Piraterie und Streaming von der starren, ausbeuterischen Musikindustrie befreit haben – zum Leid der Musiker und des ganzen Gewerbes. Es muss einen Weg dazwischen geben, der für alle stimmt und noch bezahlbar ist, allem voran für die weniger gut Verdienenden und die wahren Fans.

Und es darf auch nicht sein, dass Spieler auf dem Platz hinterhältig spitalreif geschlagen werden oder andere grobe Fehlverhalten trotz VAR, dem Video-Assistenten, nicht konsequent geahndet werden. Das ist nicht im Sinne dieses Sports und setzt falsche Signale. Es gibt äusserst fähige und verdiente Schiedsrichter. Vollprofis mit einer natürlichen Autorität müssen solche Gipfeltreffen leiten, keine Fastprofis, die aus politischen Gründen mitgeschleppt und aufs Feld gestellt werden. Mein Tipp: Bezahlt die Guten besser und mistet jene aus, die über keine natürliche Autorität verfügen und sich ständig selbst in Szene setzen.

Die Freiheit lebt auch von der Regel und vor allem vom gesunden Mit- und Gegeneinander. Ich freue mich immer wieder auf all die Spiele, die uns heute bestens gefilmt serviert werden. Und ich staune, wie sich alles entwickelt hat seit damals, als ich mit meinem Grossvater die Protagonisten in der Schwarz-Weiss-Kiste oder im Grenchner Stadion spielen sehen durfte. Und wenn ihr mich fragt, für wen ich denn sei, kommt immer dieselbe Antwort: für guten Fussball. Obwohl ich ein Kind der Bundesliga bin, habe ich da kein bestimmtes Herzensteam. Ich verfolge und mag alle. Vom FC »Hollywood« Bayern München über Union Berlin, Dortmund, Vizekusen bis VfL Bochum. Sie haben alle ihre magischen Momente. Meine Liebste teilt diesen Virus tapfer mit mir. Sie mag vor allem unser Schweizer Nati-Team. Ich teile das auch tapfer mit ihr.

Wer mit Fussball gar nix anfangen kann – dem sei das grandiose Kurzfilmchen »Fussball der Philosophie« von Monty Python empfohlen. Da gewinnen die Griechen durch Kopfball von Sokrates gegen Deutschland eins zu null, und danach wird sehr viel diskutiert... Lasst euch dieses Lehrstück nicht entgehen, ihr findet es im Netz. Und seid versichert: Besser kann es wirklich nicht sein.

Werde, der du bist

Intellektuelle Erkenntnisse sind Papiere.
Vertrauen hat immer nur der, der von Erfahrenem redet.
HERMANN HESSE

Ich kann es nicht genug betonen. Lesen ist wichtig, unendlich wichtig. Es gibt wirklich Bücher, die dein Leben verändern können. »Demian« von Hermann Hesse ist so eines. Es erreichte mich in schwierigen Zeiten meines Lebens. Man konnte ja in den Sechzigern als Jungfuchs und Pionier in Sachen Love, Peace und Wahrheit keine Menschen vor Ort um Lebenshilfe bitten. Die waren alle auf einem anderen Trip: abweisend, verknorzt, kurzes Igelhaar und »Schaffe, schaffe, Häusle baue«-Groove. Ich hingegen hinterfragte – gegen alle Widerstände – alles und suchte etwas völlig anderes, nämlich den tieferen Sinn dieser Übung, genannt Leben.

Und genau da, in dieser Jungfuchszeit, begegnete ich nebst all den Songtexten von Bob Dylan und John Lennon den Büchern von Hermann Hesse, der genau das in Worte fasste, was ich damals als ständig Suchender in meinem Herzen trug: Sehnsucht nach Freiheit, nach einem anderen Weg, die Nähe zur Natur, Töne und Weisheiten, die mir die Kraft gaben, den Zauber der Dinge in unserem kurzen Leben zu erkennen. Es verhält sich mit Hesse wie mit Chopin: Hast du erst einmal mit dem bittersüssen Genuss begonnen, so lässt er dich nicht mehr los. Der deutsch-schweizerische Schriftsteller war einer meiner wirklich grossen Lehrer. Noch heute lese ich häufig seine Zeilen und tauche in gewisse Stimmungen und Bilder ein.

Hesse ist nicht, wie viele verkopfte Intellektuelle im Kulturbetrieb immer wieder betonen, ein Pubertätsautor, eine kitschige, in Selbstliebe sterbende Modeerscheinung, die man spätestens mit dreissig überwunden haben sollte – welch dummes Geschwätz –, nein, HESSE ist die reinste und gefühlvollste Musik der deutschen Sprache. Immer wieder schön zu erleben – genau wie die Jahreszeiten auch. Der Dichter der Innerlichkeit gibt uns Mut, Trost und Hoffnung, indem er uns zurück zum Einfachen, zu den kleinen Dingen des Lebens führt. Dazu nimmt er das ganze schön gebürstete Pseudotheater um den grossen »Fortschritt« schonungslos auseinander. Jeder junge Mensch, jeder Suchende, der sich nicht mehr belügen will, schwankend zwischen Himmel und Hölle, geprägt von Sinnkrisen, Visionen und Kämpfen, sollte mal die ersten zwei Seiten von »Demian« lesen, bevor er seine Reise in diese oft kalte, verwirrende Welt antritt und vielleicht zu früh resigniert oder hoffnungslos scheitert. Auf diesen ersten beiden Seiten findet man nämlich den Satz: *Ich wollte ja nichts als das zu leben versuchen, was von selber aus mir herauswollte. Warum war das so sehr schwer?*

Schön, nicht? Und so geht es weiter in diesem elektrisierenden Buch. Es geht um die Geschichte einer Jugend. Der des jungen Emil Sinclair, der sich gegen Ordnung und Moral auflehnte, gegen den Überdruss am Alten. Es geht in dem Roman aber auch um Selbstachtung, um dunkle Seiten und darum, das Gesetz des Schicksals zu akzeptieren.

Hermann Hesse schrieb wie ein Glücksritter, und man fühlt genau, dass er sein Lehrgeld bezahlt hatte. Seine Botschaft mag heute vielleicht etwas naiv erscheinen. Ist sie aber nicht, weil sie wahr ist. Wenn du das Glück nicht in dir hast, kannst du es auch nicht weitergeben und das Umfeld um dich herum ein klein bisschen besser machen. So ist das nun mal. Zu Aggression, Neid und Hass schrieb Hesse in »Demian«: *Wenn wir einen Menschen hassen, so hassen wir in seinem Bild etwas, was in uns selber sitzt. Was nicht in uns selber ist, das regt uns nicht auf. Wenn wir etwas verabscheuen, hat das immer auch mit uns selbst zu tun.*

Es war mir leider nicht vergönnt, Hesse persönlich zu treffen, doch ich schätze mich glücklich, die Bekanntschaft seines Sohnes Bruno gemacht zu haben, der ein hervorragender Maler war und mir ab und zu bei einem Gläschen Wein Geschichten über seinen Vater erzählte. Was auch immer kommen mag, ich bin glücklich, Hesses Bücher an meiner Seite zu wissen. Für mich waren seine Erkenntnisse damals schon, als verspotteter Aussenseiter, essenziell und extrem erhebend. Sie machten meine Welt aus und zeigten mir, dass ich auf dem richtigen Weg, oder wie Hesse schreibt, *schicksalbereit* war.

Folgende Worte von ihm, die ich in einem wunderbaren Aquarell-Kalender fand, möchte ich hier noch weitergeben. Sie waren schon immer mein persönlicher Gospel und halfen mir, diese konfuse, oft abweisende Welt besser zu ertragen: *Ich bin ein Leben lang ein Verfechter des Einzelnen, der Persönlichkeit gewesen und glaube nicht daran, dass es Allgemeingesetze gibt, mit denen dem Einzelnen gedient wäre. Die Gesetze und Rezepte sind im Gegenteil auch nicht für den Einzelnen da, sondern für die vielen, für die Herden, Völker und Kollektive. Die wirklichen Persönlichkeiten haben es auf Erden schwerer, aber auch schöner. Sie geniessen nicht den Schutz der Herde, aber die Freuden der eigenen Fantasie, und müssen, wenn sie die Jugendjahre überstehen, eine sehr grosse Verantwortung tragen. Wenn der Mensch gut sein kann, so kann er es nur, wenn er glücklich ist, wenn er Harmonie in sich hat, also wenn er liebt. Dies war die Lehre. Dies sagte Jesus, dies* sagte Buddha, dies sagte der deutsche Philosoph Georg Wilhelm Friedrich Hegel. Für jeden ist das einzig Wichtige auf der Welt sein eigenes Innerstes, seine Seele, seine Liebesfähigkeit. Ist die in Ordnung, so mag man Hirse oder Kuchen essen, Lumpen oder Juwelen tragen, dann klingt die Welt mit der Seele rein zusammen, ist gut, ist in Ordnung.

Kann man es schöner formulieren?

Der Zauberluchs

Ein Tropfen Liebe ist mehr als ein Ozean Verstand.
BLAISE PASCAL

Und als Zugabe noch ein Wunder. Ja, es gibt sie noch, die ganz grossen Überraschungen – sie kommen dann, wenn man bereit für sie ist. Diese Geschichte nicht zu erzählen, wäre eine Sünde. Die drei Akte sind gleichzeitig ein Liebesbrief an Patricia, meine Partnerin, die mir in den letzten drei Jahren sehr viel gab.

Es ging nicht so schnell mit uns. Und das ist vielleicht gut so. Nach einer Lesung von mir fragte ich sie beim Büchersignieren nach ihrem Sternzeichen und schrieb ihr meine Handynummer und folgende Botschaft ins Buch: »Melde dich, du Zauberluchs«. Zugegeben, etwas plump, aber ich war Single und dementsprechend in einer Sucherphase, und da muss man alles wagen. Sie dachte natürlich, dass ich das bei jeder Frau so mache. Und hatte damit nicht ganz unrecht. Anyway, sie brauchte etwa ein Jahr, um sich durchzuringen und mir ein positives Zeichen zu geben. Als es endlich kam, beschlossen wir, uns zu treffen.

Die Operation »Meet and Greet« beim hiesigen Schloss Waldegg war ein Flop. Nach einem langen Spaziergang war klar: Nicht nur chemisch unvereinbar! Zu unterschiedliche Welten und Wesen, jeder an einem anderen Punkt im Leben. Der erhoffte Liebesstrom konnte gar nicht erst fliessen – viel zu verkrampft und antimagnetisch das Ganze. Pat, so nenne ich Patricia inzwischen, glaubte, ich suche nur Sex, und ich befand sie als zu konservativ und wenig lebensfreudig. Sie sah in mir, was sie sehen wollte, und ich in ihr eine Berner Platte ohne Speck.

Nach dieser Begegnung verlor ich keinen Gedanken mehr an die Bielerin. Und hätte mir damals jemand gesagt, dass diese Frau mir einst näherkommen würde als jede andere Frau zuvor, ich hätte ihm gesagt:»Ich will auch von deiner Droge.« Und so gingen Pat und ich also getrennt unserer Wege. Woche für Woche, Monat für Monat, Jahr für Jahr, ohne auch nur den leisesten Ton voneinander zu hören. Zwischen uns herrschte absolute Funkstille. Es war, von heute aus betrachtet, die wichtige Vorbereitungsphase zu dem Feuerwerk, das uns erwartete.

In der Zeit zwischen dem ersten Treffen und dem, was noch kommen sollte, war sie am Verarbeiten einer unerfüllten Liebe, hinterfragte dabei ihr ganzes Leben und stellte entscheidende Weichen. Und ich? Ich schlug mich mit der crazy Mamba rum, einer Frau, die näher beim dunklen Hoodoo-Voodoo als bei meinem hippieesken, hellen Love-, Peace- und Wundertütenleben angesiedelt war. Eine zwar amüsante, aber wenig erfolgreiche Lovestory. Zu wenig gemeinsame Bedürfnisse und nur gering nährender geistiger Austausch. Danach glaubte ich noch, dass sich eine alte Liebe problemlos neu entflammen liesse. Auch das gelang nicht.

Was blieb, war die grosse Sehnsucht nach der ultimativen Liebesgöttin. Sie flammte immer wieder auf. Ich wusste, dass mir für die Erfüllung weder eine Datingplattform noch mich verkuppeln wollende Freunde helfen konnten. Nein, nur das Universum konnte das regeln, allerdings erst dann – damit hatte ich mich abgefunden –, wenn nicht nur das Momentum, sondern auch ich reif dafür waren.

Also nahm ich mir die Zeit zu reifen und gab danach folgende Bestellung auf: Freie, feine, natürliche, humorvolle, unerschrockene, smarte Hübschlerin mit grossem Herz, hellem Geist, zarter Haut, gutem Ballgefühl und viel Lebensfreude, bitte melden! Chrisibär is ready for you!!

Es dauerte drei Monate, bis ein Rauchzeichen kam. Aus Asien. Pat, die erst im Medizinal- und später im Marketingbereich arbeitete, also eher ein konservatives, »normales« Leben führte, schrieb mir – nicht aus heiterhellem Himmel, sondern universumsbedingt, da bin ich mir mehr als sicher – eine Nachricht. Sie sei in Bali am Chillen, und zwar nicht ferienhalber, sondern für ein ganzes halbes Jahr. Was sie dort tue, wollte ich wissen. »Nun«, schrieb sie zurück, »einfach frei leben und dem Herrgott den Tag stehlen, frei nach LAOTSE: *Tue nichts, und alles ist getan.*« Ihre Nachricht war lang, sie schrieb weiter, sie fühle sich frei, bestens bei sich und voll am Leben. Das brachte mich zum Staunen und weckte mein Interesse, wenn auch eher defensiv und recht skeptisch. Zu stark war mir unser letzter, flauer Treff in Erinnerung. Was sollte da heute nun plötzlich anders sein, ausser einem lockeren Reiseübermut? Dass sich die »Wohlerzogene« dermassen gewandelt haben könnte, daran zweifelte ich.

Aber sie blieb dran und überraschte mich mit schönen Bildern und Kurzmessages. Natürlich gefiel sie mir in ihrer sehr natürlichen, interessanten Schönheit nach wie vor. Auf den Fotos, die sie sandte, leuchtete sie förmlich: friedlich und hell. Klar, am Meer, im Sand und in der Sonne strahlt fast jede Frau – doch da war irgendwie mehr. Dann kam die Nachricht, sie lese gerade – und zwar mit grossem Vergnügen – meine sechshundertseitigen Memoiren »Himmel, Hölle, Rock'n'Roll«. Diese Tatsache verwunderte mich dann doch sehr. Sie war in einem Traumland, umgeben von lockeren Menschen, schöner Natur und feinen Speisen und las ausgerechnet *mein* Buch, war an *meiner* Biografie interessiert? Ich fragte sie, was sie denn so begeistere. Die Antwort kam prompt: »Deine Stilistik, wie du schreibst, das habe ich schon immer sehr geliebt.« Und sie habe noch nie das Buch eines Autors gelesen – und sie lese viel –, der so grossartig und fein über seine Exfrauen schreibe. Ich erklärte ihr, dass ich es einfach liebe, mich mit dem unglaublichen Regenbogenwesen »Frau« zu befassen. Darüber zu berichten, sie zu bejubeln, liege mir und habe nichts mit Prahlerei zu tun. Es bereite mir einfach grosse Freude, die ich auch gerne weitergebe. Ich empfahl Pat, mal »Betty Blue« von Philippe Djian zu lesen, was sie dann auch tat und genauso abfeierte wie ich.

Wir blieben in Kontakt, auch als Pat durch Vietnam reiste und schliesslich auf Koh Phangan, einer thailändischen Insel, landete. So weit, so gut.

Nägel mit Köpfen

Als Gott dich schuf, war er verdammt gut drauf.
UDO LINDENBERG

Als sie wieder ins Schweizer Ländle zurückkam, war ich gerade mit der Band auf hoher See in der Karibik am Abrocken. Wir schrieben uns weiterhin Messages, aber es war eine Distanz und eine Zurückhaltung meinerseits da. Mir gingen Gedanken durch den Kopf wie: Was will diese Frau von mir? Braucht sie Geld, oder ist sie eine Promidropperin – oder warum soll sie plötzlich anders ticken als vor vier Jahren? Kann das, was ich mir so sehr wünschte – eine ultimative Liebe auf Augenhöhe –, mit dem Altersunterschied und diesen verschiedenen Welten, in denen wir uns bewegen, überhaupt funktionieren? So ging das dann monatelang weiter: Sie bat um ein Treffen, und ich ignorierte die immer dichteren Rauchzeichen aus dem Universum. »Passt gerade nicht«, antwortete ich, »bin weg, habe zu viel um die Ohren, später mal …«, bis sie schliesslich die Klartextansage machte: »Keine Aufschieberei mehr. Muss endlich wissen, ob meine Gefühle mich täuschen. Melde dich, oder vergiss es.« Und jetzt? Nun, was hatte ich schon zu verlieren? Im schlimmsten Fall würde es ein weiterer Flop. Wäre ja auch keine Tragödie, da meine Erwartungen alles andere als hoch waren. So fixten wir den 28. Juni 2020 definitiv. Es gab kein Entkommen mehr.

Pat wohnte am Hügel etwa zwei Kilometer von meinem Haus entfernt. Eigentlich komisch, dass ich ihr auf meinen täglichen

Spaziergängen nie begegnet bin. Aber Frauen wie sie waren meist zügig mit dem Velo unterwegs, zudem hätte ich sie wohl auch gar nicht mehr sofort erkannt. Jedenfalls fuhr ich an besagtem Tag mit meinem alten Porsche vor und stellte ihn – weils keine Alternative gab –, ins Parkverbot. So macht man sich gleich beliebt im Quartier. Die Operation »Berner Platte reloaded« konnte also beginnen. Die Spannung stieg, als ich die Treppen des Jugendstil-Mehrfamilienhauses hochstieg. Und als Pat an diesem schönen Vorsommerabend die Tür öffnete, war die Überraschung eine Offenbarung. Da stand ein völlig verwandeltes, wunderbares Wesen vor mir. Die Reise schien ihr gutgetan zu haben. Pat begrüsste mich mit einem strahlenden Lachen und hatte sofort meine volle Aufmerksamkeit. Sie trug ein dunkelgrünes Kleid, das knapp oberhalb der Knie endete. Ihre Erscheinung gefiel mir, und fasziniert registrierte ich ihre perfekt angebräunte Haut. Später sollte ich erfreut feststellen, dass es nicht die Sonne war, die ihr diesen Teint schenkte, sondern die Natur. Meine Verlegerin nennt das »Olivenhaut«. Ich gebe es zu: Ich war vom ersten Augenblick an verzaubert. Auch wie sie ihre Wohnung eingerichtet hatte, gefiel mir. Hell, geschmackvoll, wenig überflüssigen Schnickschnack, Bücher auf dem Parkettboden, ein paar Pflanzen, einladendes, weiss bezogenes Futonbett, stimmiges Licht und keine kitschigen Horrorbilder an den Wänden.

Wir setzten uns aufs Sofa und legten bei einem guten Roten los. Es gab ja wirklich einiges zu bereden. Man kennt mich als einen feurigen Erzähler, und sie feierte von Anfang an meine Geschichten ab, lachte so herrlich und beantwortete jede noch so freche Frage von mir elegant, clever und freudig. Ihre Gesichtszüge wurden immer entspannter und schöner. Etwa nach einer Stunde wurde mir langsam klar, dass Pat mit jedem Satz und jedem Smile mehr und mehr zu dem wurde, was ich beim Universum bestellt hatte. Egal, welches Thema wir anschnitten, es flutschte, und keine ihrer Ansichten kam mir quer oder verstaubt vor. Unser Talk war nahrhaft. Die geistige und seelische Ebene schien schon mal zu stimmen. Pat erklärte mir auch, dass sie einiges an Bewusstseins- und Selbstfindungsarbeit hinter sich habe. Ich staunte nur noch.

Und wie wars mit dem Touch? Ich nahm mein Herz in meine linke und ihre Hand in meine rechte – es passte wie vorgegossen. Nach etwa drei Stunden gabs noch einen Abschiedskuss – der verhiess einiges. Es war fünf Uhr in der Früh, als ich zu Hause endlich einschlafen konnte, getragen von einem Gefühl, das ich seit Jahren nicht mehr verspürt hatte. Genau: Schmetterlinge im Bauch, und zwar ganze Schwärme. Ich konnte nicht fassen, was da abging.

Die Frage war jetzt nur noch, wie es in Pats Herz aussah. Um das zu klären, bat ich sie um ein weiteres Treffen, und so sassen wir drei Tage später in der Verenaschlucht, etwas ausserhalb von Solothurn, auf einem Bänkli. Ich machte keinen Eiertanz, mein Begrüssungssatz war: »Es nähme mich schon wunder, Darling, was du eigentlich genau von mir willst?« Bumm! Nicht gerade very romantisch, viel zu technisch! Aber zurücknehmen konnte ich die Frage jetzt nicht mehr. Ihre Antwort liess auf sich warten. Ich schwieg, liess mich darauf ein. Endlich sagte sie: »Meine letzten Beziehungen waren schwierig, daher ... lass mir Zeit.« Ich beschloss, den Fuss etwas vom Gas zu nehmen, forderte meine Schmetterlinge zur Ruhe auf und empfahl einen Waldspaziergang, der in einem wunderschönen Abend endete. Ein erneuter Abschiedskuss, mehr gab es auch diesmal nicht.

Danach verreiste sie für eine Woche an ein Seminar in Deutschland, und dort wurde ihr klar, dass auch sie mehr wollte. Wir vermissten uns und führten lange Telefongespräche. Nach ihrer Rückkehr war dann nichts mehr mit Bremsen. Entscheide machen freier als das ewige, unschlüssige Hin und Her. Wir konnten jetzt voll aufspielen und taten dies auch. Wunderschöne, sommerliche Liebesnächte, vertiefte Talks and Walks und tonnenweise Gelächter. Die Magie spielte, und wenn ich mal nicht einschlafen wollte oder konnte, sang sie mir mit feiner Stimme ein Liedchen ins Ohr. Rockerherz, was willst du mehr?

Wie wahr ist es doch, was DON JUAN zu seinem Lebensberater Don Octavio im herrlichen Film »Don Juan DeMarco« sagt: *Es gibt im Leben nur vier Fragen von Bedeutung:* »Was ist heilig?« – »Woraus besteht der Geist?« – »Wofür lohnt es sich zu leben?« und »Wofür lohnt es sich zu sterben?«. Die Antwort ist stets die gleiche: »Nur die Liebe.«

Stille Tage auf Kreta

Die Tanzenden wurden für verrückt gehalten von denjenigen, die die Musik nicht hören konnten.
FRIEDRICH NIETZSCHE

Unsere erste gemeinsame Reise führte uns in mein geliebtes Kreta. Mein Zauberluchs fuhr wie immer freudig und sportlich mit einem Lachen auf den Lippen durch die olivengeschwängerte Gegend. Das mittlerweile totgetrampelte, entmagnisierte Matala hatten wir schnell wieder verlassen, denn wir wussten, dass uns etwas viel Schöneres erwartete – unser »Floss« in Agios Phantastikos. Ausflüge sind gut und immer spannend, aber wenn du einen Ankerplatz voller Magie hast – auf einem Hügel zwischen Oliven-, Eukalyptusbäumen und Kakteen im Süden der Insel –, dann kannst du dein Schiff auch wochenlang vor Anker lassen und einfach sein – verzaubert vom ewigen Jetzt und einer zunehmenden Ichlosigkeit.

Irgendwann griff meine Liebste zum ersten Mal nach dem ultimativen Gute-Laune-Instrument, der Ukulele, und versuchte sich am Song »Somewhere Over the Rainbow«, standesgemäss in der Hängematte. Ein wunderschönes Bild an diesem lauschigen, warmen Oktobermorgen. Ich staunte, mit wie viel Leichtigkeit sie die Melodie hinkriegte. Ihr Gesicht war ernst, wie so oft, wenn sie sich intensiv mit etwas befasst. Ich liebe diesen Ausdruck. Er hat etwas Stolzes, Sphinxhaftes und ist der perfekte Kontrast zu ihrem freudigen, abfeiernden Lachen. Es freute mich, dass mein sporadischer Gitarrenunterricht, trotz hartnäckiger Handverhärtung beim unseligen G-Akkord, langsam Früchte trug:

Somewhere over the rainbow
        IRGENDWO ÜBER DEM REGENBOGEN
Way up high
        WEIT OBEN IN DER HÖHE
There's a land that I heard of
        GIBT ES EIN LAND, VON DEM ICH HÖRTE
Once in a lullaby
        EINMAL IN EINEM WIEGENLIED
Somewhere over the rainbow
        IRGENDWO ÜBER DEM REGENBOGEN
Skies are blue
        IST DER HIMMEL BLAU
And the dreams that you dare to dream
        UND DIE TRÄUME, DIE DU ZU TRÄUMEN WAGST
Really do come true
        WERDEN WIRKLICH WAHR

Diese einmalige Ballade bringts voll auf den Punkt!

Als Pat später voller Hingabe in den Kochtöpfen herumrührte – sie kocht fantastisch – und die Abstellflächen immer mehr einem Kriegsgebiet glichen, ertappte ich mich bei einem Gedanken, den ich hier überspringe. Aber so viel sei gesagt: Ich erfreute mich an Pats wunderschön geformten langen Beinen mit ihrem natürlichen, schimmernden Glanz. Ja wirklich: Olivenhaut im Olivenland. Was waren wir doch für zwei »lucky bastards«. Wir hatten alles, die Sonne schien jeden Tag, und unsere Bedürfnisse deckten sich zu hundert Prozent. Es war fast schon beängstigend. Die Zweifel? Weggewischt! Wir erkannten immer mehr, dass wir beide aus demselben Holz geschnitzt sind – aus japanischem Ahorn. Wir mögen dieselben Bücher, dieselben Sounds, dieselben Gerichte, dieselben Orte, dieselben

Filme, dieselben Speisen, haben denselben Humor – und mögen beide unseren linken Mittelfinger mehr als unseren rechten...

Langweilig? Eben gerade nicht! Die Mär von »Gegensätze ziehen sich an« hatte ich lange genug zu leben versucht – es führt meist ins Elend. Was Erfüllung bringt, ist, Erlebnisse zu teilen, sich in den Bedürfnissen des anderen zu erkennen, *miteinander* zu leben – es ist ein Zusammenspiel wie in der Musik. Pat ist einfach für alles zu haben. Egal, ob Kickerkasten, Tennis, Scrabble, Wandern, Abrocken, Trampolinspringen, Malen, Lesen, Schach, Tschau Sepp oder einfach nur in Stille sein. Kommt dazu: Unsere gemeinsamen Talks sind auch immer wieder ein Highlight, und vieles ist noch gar nicht gesagt. Zum Glück.

Diese verspielte und unaufgeregte Übereinstimmung ist einfach ganz natürlich da. Das Schöne daran: Sie hielt länger als ein paar Herzschläge, genauer gesagt, schon über drei Jahre, und hat Langzeitpotenzial. Eine solche Verbundenheit zu erleben, ist einfach grossartig, und ich bin sehr froh, dass dieser Zauberluchs in mein Leben trat. Jeder Tag bringt eine neue Freude. Und ja, auch das Zusammenziehen brachte keinen Stress, sondern Wohlgefühl. Und wenns zu viel wird, was auch hie und da der Fall ist, machen wir einfach einen »silent day«, will heissen, dass sich jeder für sich zurückzieht und dem anderen seinen Freiraum lässt. Reflektiert, wo er gerade steht und was er braucht. Diese »Pausen« sind wichtiges Schmieröl für eine respektvolle Liebe.

Klar gibts auch bei uns Herausforderungen. Die gemeine Gefahr der Routine und der Selbstverständlichkeit, wer kennt sie nicht? Und eben deshalb darf in der ganzen Liebessymbiose nie vergessen werden, dass man ein eigenes Individuum ist, das Luft und Raum braucht. Wenn einer von beiden hie und da Distanz benötigt, darf man das nicht gegen sich auslegen, im Gegenteil, man sollte es als Lebens- und Beziehungsdünger ehren. Und natürlichen Auseinandersetzungen, verschiedenen Standpunkten oder Tagesformen muss man sich stellen, anstatt vor ihnen davonzulaufen, sie zu verdrängen oder schönzureden. Das Gute daran: Jedes Problem hat eine Schwachstelle, und man findet immer eine Lösung, wenn man will und sich bemüht. Schuldzuweisungen bringen nichts. Es geht darum, einander Sorge zu tragen. Um Respekt. Jede Liebe, egal wie gross, kann zerbrechen und ist kein Selbstläufer.

> Liebste Pat,
> ich möchte dir aus vollem Herzen für alles danken, was du mir gegeben hast und was du mir gibst. Wie du »Wohlerzogene« all meine crazy »Dennis the Menace«-Unarten nicht nur erträgst, sondern oft auch abfeierst. Einfach grandios. Du bist ein wundervoller Mensch mit all den Qualitäten, die sich ein Mann nur wünschen kann. Dein Lachen, dein Herz, deine Ernsthaftigkeit, deine Kochkunst, dein Du-Sein, kurz, alles, was du in unsere Beziehung einbringst, ist wahre Medizin, die so vieles heilt. Und wenn du mich den ultimativen Glücksbringer und Mutmacher nennst und mir sagst: »Mit dir lebe ich wirklich«, ist das das schönste Kompliment, das ich je bekommen habe. Ich jubiliere, ja, es gibt sie, die grosse und erfüllende Liebe, die aus zwei Menschen, die immer zwei Menschen bleiben werden, eine verschmolzene, einmalige Gemeinschaft machen. Wir sind wirklich ein grossartiges Powerteam. Schön, bist du da, mein Zauberluchs. Halleluja, ihr Liebesgötter, ich preise euch unendlich and forever!
>   Chris

Tja und jetzt? Wie beende ich diesen dritten Akt? Warum nicht mit fünf Tipps an die Jung- und/oder Altfüchse, die noch immer auf der Suche sind nach dem, was ich gefunden habe. Gedanken, die erklären, wie man eine wunderbare Frau erst findet, und was für eine gelungene Beziehung hilfreich sein könnte. Eine Gebrauchsanweisung für die heutige, oft verwirrte Männerwelt da draussen, aber auch für die Ladys, damit sie beim Verlieben vielleicht mehr auf bestimmte Dinge achten.

1 Lerne erst mal, allein zu sein und allein zu wohnen. Nur so erfährst du, wer du bist, lernst dich selber besser kennen, bekommst Format und findest heraus, was genau deine Bedürfnisse sind. Hilfreich dabei ist, dass du verstehst, wie ein Haushalt funktioniert. Achtung: Hotel Mama, adieu! Frauen wollen keine Paschas zu Hause, sondern Männer, die proaktiv mitdenken und auch anpacken.

2 Humor, Schalk, Heiterkeit und Begeisterungsfähigkeit sind unerlässlich. Sie sind der Kitt in einer Beziehung. Spielt in einer Beziehung der Humor nicht mit, wirds schwierig. Wie wir mittlerweile wissen, ist dieser verrückten, entrückten Welt nur mit der Komödie beizukommen. Ganz wichtig!

3 Zeige dich und deine Bedürfnisse offen und ehrlich. Sei dich selbst und bleib authentisch, verbieg dich nicht. Zelebriere deine Freude, das Leben, und fürchte dich nicht, hie und da wie ein Narr dazustehen.

4 Habe ein offenes Ohr und ein offenes Herz. Keine Versteckspiele! Die Karten müssen auf den Tisch. Und für alle powergetriebenen Kerle: Nehmt euch Zeit, genau hinzuhören, was eure Partnerin umtreibt, gerne möchte oder wovor sie vielleicht Angst hat.

5 Die Zeiten der unterkühlten Supermachos sind vorbei. Mann darf durchaus auch mal Schwäche zeigen. Was nicht heisst, eine willenlose, unentschlossene, vom Meer umhergeschobene Qualle zu sein. Sich verbiegen lassen ist der falsche Weg, aber totale Sturheit ebenfalls. Und ja, es stimmt: Die meisten Frauen mögen Typen, die wissen, was sie wollen, und es auch durchziehen. Aber sie mögen auch eure femininen Seiten – also: Seid mutig und zeigt sie!

Ich wünsche gutes Gelingen, denn zusammen macht das Leben doppelten Spass – zumindest meistens.

Übrigens – eine Liebe kann, aus was für Gründen auch immer, nicht passen oder zu Ende gehen. Darüber Hass und Frust zu kultivieren, ist der falsche Weg. Nach einer gewissen Zeit sollte man das Ende einer Liebe feiern wie den Tod in New Orleans. Mit Musik, Tanz und einem guten Drink.

Zwölf Alben und hundert Songs für die Ewigkeit

Ein Leben ohne Musik ist wie ein Himmel ohne Sterne.
UNBEKANNT

Schwer zu sagen, wohin die Welt gerade will. Eines ist jedoch klar: Was wäre unser Leben ohne Musik? Ich komme aus der Alben-Zeit, wo man sich traf, um gemeinsam, sitzend oder liegend, ganze LPs zu hören. Da wurden einzelne Stellen, Schlagzeugparts oder Solos abgefeiert und debattiert, welcher Song es nun wirklich brachte. Es war ein Feeling – ein Klangfeeling. Und wir waren erschüttert, wenn ein Kratzer in der Platte uns das Vergnügen vermieste.

In der schnelllebigen Streaming-Zeit von heute werden vor allem einzelne Songs bevorzugt. Ganz egal, ob so oder so – da liegt eine gigantische Musikschatztruhe vor uns, wahrer Seelenbalsam, ready, entdeckt zu werden. Die Perlen der Musik geben uns Schub, Energie, Trost, sie zaubern uns ein Lächeln ins Gesicht, flicken zerbrochene Herzen, lassen uns abspacen, helfen uns, wieder aufzustehen, wenn wir am Boden liegen. Zwölf unvergängliche Alben, plus eine saftige Hunderter-Feel-good-Playlist, möchte ich hier gerne mit euch teilen. Die Auswahl ist rein subjektiv, und eigene Kreationen liess ich bewusst weg. Die Werke sind phasenweise schwer sixties- und seventieslastig, doch – Hand aufs Musikerherz – damals wurden schlicht die besten Songs geschrieben. Mögen sie euch genauso erfreuen wie mich. Also, los gehts – viel Spass beim Lesen und später beim Reinhören.

Hier die zwölf Alben für die Ewigkeit

The White Album   THE BEATLES
Es gibt keine Band auf diesem Planeten, die von Fans und Musikern mehr verehrt und geliebt wird. Was die »Fab Four« in den knapp zehn Jahren ihrer gemeinsamen Existenz ablieferten, ist unerreicht und wird es wohl auch immer bleiben. Mit über einer Milliarde verkaufter Tonträger sind sie zudem die erfolgreichste Band der Musikgeschichte.

Ihr vielseitigstes und kreativstes Werk ist für mich das weisse Doppelalbum. Auf diesem fliesst alles perfekt ineinander, und es strotzt vor Experimentierfreude. Ein Grossteil der Songs entstand in Indien, wo sich die Band beim Guru Maharishi zum Meditieren und Komponieren zurückzog. Der fulminante Rock-Opener »Back in the U.S.S.R.« setzt gleich den Ton und mündet in das feine »Dear Prudence«. Das von Kindern abgefeierte »Ob-La-Di, Ob-La-Da« ist textlich ein nigerianischer Stossseufzer und bedeutet so viel wie: Das Leben geht weiter! Pauls »Blackbird« tropft sanft, locker und bachmässig wie auch Johns Ballade an seine Mutter, »Julia«. Georges Meisterstück »While My Guitar Gently Weeps« ist ein wehmütiger Wunderblues in a-Moll mit dem legendären weinenden Clapton-Solo.

Ja, dieses Doppelalbum, gleichzeitig in drei Abbey-Road-Studios aufgenommen, klingt, auch dank dem genialen Produzenten George Martin, genauso heutig wie 1968.

Den Release dieses Juwels eins zu eins mitzuerleben, war eines meiner absoluten Lebens-Highlights. Draussen rieselte der Schnee, die Kammer war geheizt und duftete nach Tannenholz. Geborgenheit und Freude breiteten sich aus. *And I was seventeen and it was a very good year.* Thanx, ihr Götter!

Hell Freezes Over   EAGLES
Nur wenige Alben können gleichzeitig eine erhabene wie auch euphorische Stimmung in dein Heim zaubern. Dieses Werk tut es. Ich gehe noch einen Schritt weiter: Wir sprechen hier von purer Magie in Tönen. Was da an Stimmen, Texten, Moods und Melodien zu erleben ist, bleibt einzigartig. Hier kochen die Chefs der Chefs, und zwar ein Fünfzehn-Gang-Menü ohne Aussetzer.

Die Vorspeise beginnt mit dem Rocker »Get Over It«, der Killerballade »Love Will Keep Us Alive« und »Learn to Be Still«. Dann folgt mit elf grossartigen Klassikern die Hauptspeise – live und unplugged: von »Tequila Sunrise« über das umarrangierte, betörende »Hotel California«, »New York Minute«, »Take It Easy« und »Life in the Fast Lane« zum epischen »The Last Resort«, dem grossartigen Song über die Vertreibung, Ausbeutung und Zerstörung natürlicher Paradiese durch eine neue, kalte Welt, mit dem Schlüsselsatz: *And they called it paradise / I don't know why.* Als grandioses Dessert wird »Desperado« serviert. Die wehmütige, hypnotisierende Überhymne des einsamen Steppenwolfs – ein harter Cowboy oder Rockstar, der auf der ewigen Suche nach sich selbst ist. Gekrönt mit der so treffenden Erkenntnis: *You better let somebody love you before it's too late.*

Das ganze Feeling-Feuerwerk entstand dank der Wiedervereinigung nach einer unschönen, vierzehnjährigen Trennung der Band. Was Sänger und Schlagzeuger Don Henley und seine Mannen hier bieten, ist schlicht etwas vom Besten, was je im

Zwölf-Ton-Country-Rock entstanden ist. Worte reichen nicht aus, es zu beschreiben.

The Joshua Tree   U2

In der Hochphase des Synthiepop holte die irische Band U2 zum Gegenschlag aus. Sie vergruben sich 1985 in einem abgelegenen Landhaus und zelebrierten akustische Experimente unter dem Einfluss der amerikanischen Folk- und Bluesmusik. Es entstand Rockgeschichte mit drei grossen Klassikern.

Die Hookline von »Where the Streets Have No Name« ist ein sich wiederholendes Gitarren-Arpeggio. Leadsänger Bono schrieb den Text als Reaktion auf die Vorstellung, dass es eines Tages möglich sein könnte, aufgrund der Strasse, in der ein Mensch lebt, seine Religion und sein Einkommen zu identifizieren. Das packende »With or Without You« beruht grösstenteils auf D-Dur-Akkorden. Obwohl der Text viele Interpretationsmöglichkeiten bietet, ist dieser Song ein verdrehtes Liebeslied mit formvollendeten Metaphern. Er besingt die Gewalttätigkeit der Liebe sowie Eigentümerschaft und Besitztum. »I Still Haven't Found What I'm Looking For« mit dem grossartigen R-&-B-Beat gehört zu den bekanntesten Songs der Band und beschreibt das gesuchte, aber nicht gefundene Gefühl zu spiritueller Aufklärung und Liebe. Auch die Beziehung zu einem anderen Menschen konnte diese Lücke nicht füllen und mündete schliesslich in ein Glaubensbekenntnis zu Jesus. Der Restzweifel bleibt aber.

Wer mit U2 arbeiten wolle, sagt Produzent Daniel Lanois, müsse damit rechnen, von einer Lawine an Erwartungen und Eventualitäten mitgerissen zu werden. Der Mann wusste dieses ganze Feuerwerk an Ideen und Knacknüssen zu einem Meisterwerk zu verschmelzen.

(What's the Story) Morning Glory? OASIS
Ich war gerade in einem spanischen Supermarkt, als ich zum ersten Mal »Don't Look Back in Anger« hörte. Meine Einkäufe wurden plötzlich zur Nebensache. Der Song hatte alles, was ein Rock-Evergreen braucht, ohne jegliche Anbiederung oder überzüchteten Patisserie-Schmalz. Schlicht grandios. Er wurde ein weltweiter Festival-Abräumer.

Es ist für eine Band schon ein Wunder, einen solchen Song auf einem Album zu haben. Aber die wilden Britpop-Jungs aus Manchester toppten das sogar noch mit »Wonderwall«. Es gibt wohl im Rock'n'Roll kaum eine coolere Eröffnungszeile als: *Today is gonna be the day that they're gonna throw it back to you.* Dermassen flockig und trotzdem über die vier Akustikgitarrengriffe auf den Punkt gesungen. Dann swingende Drums und ein einsames, schräges Cello. Von Musikkritikern und Fans wird im Zusammenhang mit »Wonderwall« immer wieder vom perfekten Rocksong beziehungsweise vom besten britischen Song aller Zeiten gesprochen. Wer mag das bestreiten? Auf jeden Fall kamen Oasis mit ihrer Musik weiter, als sie es sich selbst je erträumten – trotz all ihren Streitereien, die wohl einfach zum Rock'n'Roll dazugehören.

Brothers in Arms DIRE STRAITS
Richtig grosse Bands haben einen eigenen Klang. Dire Straits hatten ihn dank dem gleichnamigen Debütalbum mit dem herrlich swingenden »Sultans of Swing« von der ersten Sekunde an. Sie lieferten einen soliden Groove, der geprägt war durch den unglaublich warmen, mit den Fingern gepickten Gitarrensound Mark Knopflers – ein Magier der Saiten.

Zum ganz grossen Wurf setzte die Gruppe aus London mit ihrem fünften Album, »Brothers in Arms«, an. Es zählt zu den meistverkauften Alben der Musikgeschichte. Auf der Suche nach dem besten Sound tüftelte die Band ein halbes Jahr an dieser Produktion. Sie gilt zugleich als erstes digitales CD-Album, dem wir die längere Spieldauer – zehn Minuten mehr als die herkömmliche Vinyl-LP – zu verdanken haben. Erschienen ist es 1985. Und wurde zur Nummer eins in fast allen Ländern weltweit.

Der bekannteste Song ist »Money for Nothing« mit Stings *I want my MTV*-Falsettstimme. Inhaltlich geht es um die Meinung eines einfachen Arbeiters über Rockstars, die *Kohle für nichts* und *chicks for free* bekommen. Aufgeschnappt wurden diese Statements von Mark Knopfler in einem New Yorker TV-Geschäft, wo auf allen Bildschirmen Musikvideos liefen. Brillant, nebst dem unwiderstehlichen Gitarrenriff, wie Sting mit seiner hohen Stimme dieses Lied bereichert.

Neben dem jahrmarktmässigen »Walk of Life« sticht vor allem das grandiose Stück hervor, das dem Album seinen Namen gab, eben »Brothers in Arms«. Es beschreibt den Irrsinn des Falklandkriegs in höchster Balladenform, aus der Sicht eines auf dem Schlachtfeld kämpfenden Soldaten: *We're fools to make war / On our brothers in arms*. Brandaktuell und eines der bedrückendsten Ewigkeitslieder.

Who's Next   THE WHO
Am Anfang galten sie als Radau-Combo der Mod-Bewegung. Im Vergleich zu den Beatles und den Rolling Stones waren The Who eine aggressivere Version der britischen Rockmusik. Die Band mit dem wohl genialsten Namen ever hinterliess in Woodstock einen bleibenden Eindruck. Wer die vier dort, aber auch live in England erlebte, schnappte nach Luft: Ihr Spiel war reine Naturgewalt. Der rotierende Wildling an der Gitarre, ein völlig durchgeknallter, wirbelfreudiger Drummer plus ein heisser Sänger

und supercooler, brillanter Bassist. Der Sound war ebenso einmalig wie die Songs. Paul McCartney sagte einst, dass er beim Hören von »I Can See for Miles« inspiriert worden sei, etwas genauso Hartes zu komponieren. Heraus kam »Helter Skelter«. Der grosse Durchbruch der Truppe um Gitarrist Pete Townshend kam dann mit der Rock-Oper »Tommy« und dem »Live at Leeds«-Album.

Das Meisterwerk aber gelang der Band mit »Who's Next«, dem Beton-Klotz-Album. Der revolutionskritische Song »Won't Get Fooled Again« entstand auf Mick Jaggers Anwesen und hat diesen betörenden Vorwärts-Drive. Weitere Klassiker auf dem Album wurden das bombastische »Baba O'Riley« mit dem prägenden Synthesizer-Loop und den Zeilen *Don't cry / Don't raise your eye / It's only teenage wasteland* und die oft gecoverte Killerballade »Behind Blue Eyes«. Produzent Glyn Johns wusste, was ein bleibendes Album ausmacht: rohe Dringlichkeit, Spielfreude, Klang und Genie. Wir erleben die vielleicht beste Rockband aller Zeiten auf der Höhe ihres Schaffens.

Are You Experienced JIMI HENDRIX

Es gibt Alben, die sind tonale Donnerschläge. Als ich dieses Werk mit dem genialen Fischaugen-Bild damals in den Händen hielt, war das schlicht ein Erleuchtungsmoment. Hier kam ein Musiker von einem anderen Stern.

Jimi Hendrix traf im Herbst 1966 in London ein. Künstlerisch betreut wurde er vom Bassisten der Animals, der ihn in New York entdeckt hatte. Es wurde eine Band zusammengestellt, und ab gings ins Aufnahmestudio. In wenigen Wochen entstand das epochale Debüt, das auch sechsundfünfzig Jahre später noch immer das innovativste und ausdrucksstärkste Gitarrenalbum der Rockgeschichte ist.

Die Mörderballade und der Insider-Coversong »Hey Joe« war Jimis erste Single und basiert auf dem Dur-Quintenzirkel C-G-D-A-E. Hendrix machte ihn aber durch seinen wilden Psychedelic-Blues-Sound zu seinem ureigenen. Allein schon das Intro ist beispiellos. Der Song erzählt von einem eifersüchtigen Mann, der seine Frau erschiesst und in Mexiko untertauchen will. Selten hat Rock spannender und dynamischer getönt.

»Manic Depression« und der Song »The Wind Cries Mary«, den Jimi nach einem Streit mit seiner Freundin schrieb, wiesen der Psychedelica den Weg. Der Grossmeister selbst meinte, es sei *ein Album mit grenzenlosem Gefühl und Fantasie. Auf die Freiheit der Fantasie kommt es an*. Wie wahr!

Der Oberknaller »Purple Haze«, der angeblich einen LSD-Trip wiedergibt, habe aber nichts mit Drogen zu tun, sagte Hendrix, es gehe lediglich um einen Traum, in dem er unter Wasser einen Spaziergang mache. Man darf an dieser Aussage zweifeln... *Excuse me while I kiss the sky*.

Legend BOB MARLEY & THE WAILERS

Es gibt kein Album, das in einem Verkehrsstau so entspannend wirkt wie dieses. Unbedingt ausprobieren! Seit den späten Siebzigern hatte fast jede junge Band wenigstens ein Stück mit dem hypnotisch groovenden Jamaika-Beat in ihrem Repertoire. Reggae sei zu simpel für amerikanische Musiker, sagte Bob Marley einmal. *Du musst in dieser Musik leben und wissen, warum du sie spielen willst*. Genau das spürt der Hörer dieses packenden Sounds.

»Legend« ist das meistverkaufte Reggae-Album aller Zeiten. Es fasst die grössten Erfolge von Bob Marley & The Wailers zusammen, ist ein guter Einstieg in Marleys Gesamtschaffen und zeigt die universelle Seele, die er dem jamaikanischen Rhythmus und der Spiritualität der Rastafaris gebracht hat. Wer bei Songs wie »Jamming« nicht automatisch mitwippt, sollte vielleicht einen Check-up beim Arzt ins Auge fassen.

Marleys Rolle als politischer Kommentator wird kurz durch »Redemption Song« oder »One Love / People Get Ready« auf den Punkt gebracht. Das starke »Exodus« wurde zu einer tranceartigen Aussteigerhymne: *Open your eyes and look within – are you satisfied with the life you're living? Uh!* Die Pistolero-Ballade »I Shot the Sheriff« ist schlicht ein funkelnder Diamant, gespickt mit betörenden Vokalien.

Übrigens: Das magische »No Woman, No Cry« heisst nicht etwa »Kein Weib, kein Geschrei«, sondern stammt aus dem Kreolischen und bedeutet: »Nein, Frau, weine nicht.« Auch ein Trostsong an die vielen von Bob verlassenen Frauen. Sie werden ihn, wie wir, immer vermissen.

Back in Black   AC/DC
Niemand, wirklich niemand hat nach dem AC/DC-Hammeralbum »Highway to Hell« so einen Überknaller wie »Back in Black« erwartet. Es ist nach »Thriller« von Michael Jackson das zweitmeistverkaufte Album der Musikgeschichte. Entstanden ist es nach dem Tod des Leadsängers Bon Scott zu seinen Ehren. Der Erfolg war wie ein Wunder nach der ganzen Tragödie, die ihren Lauf nach einem feuchtfröhlichen Abend nahm. Die offizielle Todesursache wurde mit Alkoholvergiftung angegeben. Die Suche der australischen Teufelskerle nach einem Ersatz fand ein Ende, als sie den witzigen Newcastler Reibeisen-Shouter und Sympathiebolzen Brian Johnson fanden.

Danach wurde gemeinsam weitergerockt, als wäre nichts geschehen. Innerhalb von fünf Wochen Schwerstarbeit entstand auf den Bahamas, in Zusammenarbeit mit Erfolgsproduzent

Mutt Lange, dieses Meisterwerk der Hardrock-Musik. Es kam einfach alles aufs Wunderbarste zusammen. Der unerwartete Tod ihres früheren Frontmanns trieb die Band zu Höchstleistungen an. Das beginnt mit dunklen Glockenklängen und dem »Hells Bells«-Kracher, ein Tribut an den viel zu früh aus dem Leben Geschiedenen. Alleine das grandiose Riff beschert jedem Rockfan Gänsehaut. Darauf folgt Knaller auf Knaller: »Shoot to Thrill«, »Givin the Dog a Bone«, »What Do You Do for Money Honey« bis zum wohl heissesten Rocksong überhaupt: »Back in Black«. Hier haben sich die beiden Brüder und Gitarrengötter Malcolm und Angus Young selbst übertroffen. Als wäre das nicht genug, gabs als Zugabe noch den Radio-Rockhit »You Shook Me All Night Long« und einen perfekten Ausklang mit »Rock and Roll Ain't Noise Pollution«.

Dieses Song-, Sound- und Spiellevel wurde im Hardrock nie mehr erreicht, auch von der Band selbst nicht.

Forty Licks THE ROLLING STONES
Kurz gesagt: Auf »Forty Licks« ist alles drauf, was das Stones-Herz begehrt. Hit nach Hit, Groove nach Groove, über all die Jahre hinweg. Wer die Stones begreifen und geniessen will, der sollte sich dieses grossartige Best-of-Album anhören. Keine andere Band hat den lockeren Blues-Rock – mit ein paar Ausreissern – besser und cooler gebracht als diese Dudes um Mick Jagger und Keith Richards. Hier sind die meisten Highlights und Perlen ihrer langen Geschichte drauf. Ich kann nur sagen: Reinziehen und gute Laune verbreiten lassen. Übrigens sind die Zauberjungs auch live nach wie vor ein grosser Genuss. Mögen sie, wie im Song »Don't Stop«, ewig weiterrocken und uns diese einzigartige Satisfaktion bringen. Sie bereichern uns enorm.

The Dark Side of the Moon PINK FLOYD
Ich hatte das Glück, diese einzigartige Band im November 1968 live zu erleben. Sie spielte an einem Wochenende unweit von meinem Mansardenzimmer in Neuenburg. Damit das riesengrosse Doppelpauken-Schlagzeug mit Verspätung aufgebaut werden konnte, mussten zwölf Leute die legendär kleine »Spot«-Bar wieder verlassen. Ich gehörte zum Glück nicht dazu. Pink Floyd waren damals mit dem »A Saucerful of Secrets«-Album unterwegs und galten noch als Geheimtipp. Es wurde ein magischer, unvergesslicher Abend für dreihundert Musik-Freaks.

Fünf Jahre später kam ihr Opus magnum »The Dark Side of the Moon« heraus. Monatelang tourten sie mit dem neuen Material durch England, bevor sie ins Abbey-Road-Aufnahmestudio gingen. Das Album entwickelte sich zum Höhepunkt ihrer so eigenwilligen Stimmungs- und Klangexpeditionen. Ein sinnliches, extrem homogenes und brillant produziertes Album mit genialen Effekten und starkem Cover-Artwork. Das Ganze wurde zum Überflieger, weil es die Absurditäten des Lebens als Konzept verarbeitete und damit den Nerv der Zeit traf.

Roger Waters' Visionen vom alltäglichen Wahnsinn wurden punktgenau umgesetzt, sei es mit zwingenden Tongemälden (»Breathe«, »Us and Them«) oder filmischer Grandezza in »The Great Gig in the Sky«, inklusive einer Götterarie der Gastsängerin Clare Torry. Auch »Money« und das dramatische Herzschlagfinale »Eclipse« setzten Massstäbe.

Time Out of Mind BOB DYLAN
Ein Album aus Dylans Werk rauszupicken, ist eigentlich ungerecht oder eine Frechheit. Es gibt zu viele herausragende. »Highway 61 Revisited«, »Blood on the Tracks«, »Blonde on Blonde«, »Street Legal«, »Desire«, »Modern Times« ...

»Time Out of Mind« entstand nach einer mehrjährigen künstlerischen Krise und wurde zum umjubeltsten Album Dylans, ausgezeichnet mit drei Grammys. Und dies absolut zu Recht. Was dieses Album so besonders macht, ist seine melancholische, zeitweise fast düstere Atmosphäre. Mitgeprägt hat diese der Produzent Daniel Lanois. Es vereint Rock, Blues, Folk und Country zu einem ganz eigenen, bis dahin ungehörten Stil. Nach zwei seiner Coveralben hatte niemand mehr damit gerechnet, nochmals so etwas Grosses zu hören. Dylan besann sich damals aber auf die grosse amerikanische Erzählkunst und erschuf sich aus Tradition und Imagination wieder einmal neu.

Schon der Eröffnungssong, »Love Sick«, ist grandios in seiner einfachen, fast improvisierten Art. Ein Mann läuft durch tote Strassen auf der Suche nach dem Nichts. Es ist betörend, wie Bob Dylan mit seiner gebrochenen Stimme den Blues interpretiert. Schlicht grossartige Musik, die mit dem sechzehnminütigen, so wahren »Highlands« endet: *The sun is beginnin' to shine on me / But it's not like the sun that used to be* – das sagt alles.

Schade, dass sein Starrsinn es ihm seit Jahren schon nicht mehr erlaubt, seine besten Songs – frisch interpretiert – wieder einmal live für sein Publikum zu spielen. Das Alter treibt seltsame Blüten. Zum Glück bleiben uns die wertvollen Aufnahmen des Meisters.

Und hier die saftige Hunderter-Feel-good-Playlist

Damit ihr die Songs dann auch hören könnt, habe ich für euch auf Spotify eine Playlist unter »Chris von Rohr« erstellt. Enjoy the ride!

DIRE STRAITS Sultans of Swing 🍀 THE KINKS Sunny Afternoon 🍀 PROCOL HARUM A Whiter Shade of Pale 🍀 THE BEATLES Lady Madonna 🍀 PINK FLOYD Another Brick in the Wall 🍀 CANNED HEAT Going Up the Country 🍀 THE ROLLING STONES Paint It, Black 🍀 GUNS N' ROSES Paradise City 🍀 QUEEN Bohemian Rhapsody 🍀 ROBBIE WILLIAMS Feel 🍀 ELTON JOHN Tiny Dancer 🍀 BOBBY McFERRIN Don't Worry, Be Happy 🍀 THE WHO My Generation 🍀 SANTANA Black Magic Woman 🍀 DEEP PURPLE Black Night 🍀 THE BAND The Weight 🍀 CREAM Strange Brew 🍀 T. REX Get It On 🍀 CYPRESS HILL Insane in the Brain 🍀 THE ANIMALS House of the Rising Sun 🍀 THE TROGGS Wild Thing 🍀 MICHAEL JACKSON Beat It 🍀 BLACK SABBATH Paranoid 🍀 BOB MARLEY No Woman, No Cry – Live 🍀 NEIL YOUNG Heart of Gold 🍀 DAVID BOWIE Heroes 🍀 JOHN LENNON Imagine 🍀 TRAVELING WILBURYS Handle With Care 🍀 POLO HOFER / WILLY DeVILLE Who's Gonna Shoe Your Pretty Little Foot? 🍀 THE DOORS Riders on the Storm 🍀 THE BOX TOPS The Letter 🍀 ELVIS PRESLEY In the Ghetto 🍀 CREEDENCE CLEARWATER REVIVAL Have You Ever Seen the Rain 🍀 VAN HALEN Jump 🍀 GEORGE HARRISON My Sweet Lord 🍀 ERIC CLAPTON Wonderful Tonight 🍀 AEROSMITH Walk This Way 🍀 THE MOODY BLUES Nights in White Satin 🍀

BEE GEES Alone 🍀 GUNS N' ROSES Sweet Child O' Mine 🍀 SIMON & GARFUNKEL The Sound of Silence 🍀 PETER TOSH Johnny B. Goode 🍀 LED ZEPPELIN Stairway to Heaven 🍀 TOM PETTY & THE HEARTBREAKERS Into the Great Wide Open 🍀 BOB DYLAN Knockin' on Heaven's Door 🍀 GERRY & THE PACEMAKERS You'll Never Walk Alone 🍀 AMERICA A Horse with No Name 🍀 THE CLASH London Calling 🍀 U2 I Still Haven't Found What I'm Looking For 🍀 NIRVANA Smells Like Teen Spirit 🍀 WHITESNAKE Here I Go Again 🍀 JIMI HENDRIX All Along the Watchtower 🍀 THE POLICE Every Breath You Take 🍀 SMALL FACES Lazy Sunday 🍀 CANNED HEAT On the Road Again 🍀 SONNY & CHER I Got You Babe 🍀 JUDAS PRIEST Living After Midnight 🍀 NANCY SINATRA These Boots Are Made for Walkin' 🍀 OTIS REDDING (Sittin' On) The Dock of the Bay 🍀 DR. HOOK The Cover of "Rolling Stone" 🍀 BOB MARLEY & THE WAILERS Three Little Birds 🍀 GARY MOORE Still Got the Blues 🍀 JOHNNY CASH Hurt 🍀 EAGLES Hotel California 🍀 OASIS Wonderwall 🍀 TINA TURNER The Best 🍀 RAY CHARLES Georgia on My Mind 🍀 ZZ TOP Sharp Dressed Man 🍀 BILL WITHERS Ain't No Sunshine 🍀 LOUIS ARMSTRONG What a Wonderful World 🍀 THE ROLLING STONES (I Can't Get No) Satisfaction 🍀 BOBBY WOMACK Across 110th Street 🍀 STATUS QUO The Wanderer 🍀 AC/DC Highway to Hell 🍀 BEN E. KING Stand by Me 🍀 VAN MORRISON Tupelo Honey 🍀 QUEEN We Are the Champions 🍀 AMY WINEHOUSE Back to Black 🍀 PRINCE Purple Rain 🍀 PINK FLOYD Wish You Were Here 🍀 MUNGO JERRY In the Summertime 🍀 DIRE STRAITS Money for Nothing 🍀 JIMI HENDRIX Hey Joe 🍀 TOTO Hold the Line 🍀 QUEEN Another One Bites the Dust 🍀 STING Shape of My Heart 🍀 BOB DYLAN Like a Rolling Stone 🍀 MANU

CHAO Bongo Bong ♣ PATENT OCHSNER Nachtgänger ♣ JERRY LEE LEWIS Great Balls of Fire ♣ STEPPENWOLF Born to Be Wild ♣ DIE TOTEN HOSEN Tage wie diese ♣ AC/DC You Shook Me All Night Long ♣ R. E. M. Losing My Religion ♣ BON JOVI Livin' on a Prayer ♣ OASIS Don't Look Back in Anger ♣ COLDPLAY Viva la Vida ♣ UDO LINDENBERG / APACHE 207 Komet ♣ THE BEATLES Hey Jude ♣ FRANK SINATRA My Way ♣

Solltet ihr noch nicht genug haben von den genialen Soundtrüffeln, empfehle ich, im Netz »SRF Legends Chris von Rohr« einzugeben. Da bekommt ihr nicht nur noch mehr Musik, sondern auch noch mehr Geschichten. Es lohnt sich!

So, das wars, amigos/amigas.
Mögen euch diese Seiten Freude und
Lust aufs Leben gemacht haben.

ELVIS schrieb einmal einem Fan folgende Widmung
unter sein Autogramm: *Take time to live.*
Genau darum gehts.

Und UDO LINDENBERG fügt an:
Es ist nie zu spät, noch einmal durchzustarten.

In dem Sinne gehen wirs an, Glück sei mit euch!

Mittig aus dem Herzen

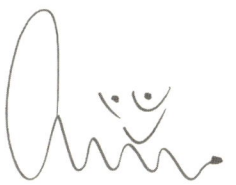

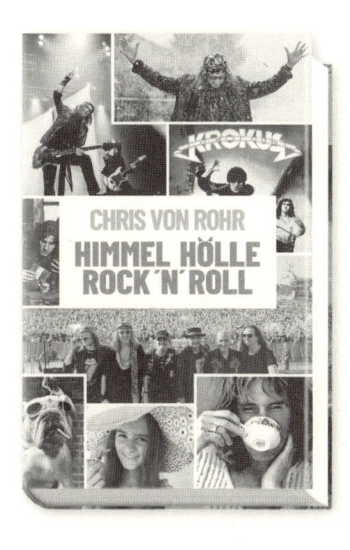

Chris von Rohr

Himmel, Hölle, Rock 'n' Roll

Die Autobiografie

640 Seiten, inkl. 48-seitigem Bildteil
Gebunden, mit Schutzumschlag
13,5 × 21,2 cm

Print ISBN 978-3-03763-108-9
E-Book ISBN 978-3-03763-769-2
www.woerterseh.ch

In seinem Nummer-eins-Bestseller »Himmel, Hölle, Rock 'n' Roll« nimmt uns Chris von Rohr auf eine grosse Reise mit. Auf eine Reise mit vielen Glanzlichtern, aber auch Rückschlägen. Er schildert Erfahrungen, die klarmachen: Scheitern ist kein Problem, wenn man sich sein inneres Feuer bewahrt, wieder aufsteht und unerschrocken weitergeht. Der Solothurner schreibt unter anderem auch über die Kunst des Songschreibens, des Liebens und des Lebens und zeigt auf, was man bewegen kann, wenn man an seinem Traum arbeitet und wenn Leidenschaft, Wille und Hingabe auf die Spitze getrieben werden. Das Buch lässt keine Leserin, keinen Leser kalt, weil es das Sein hinter dem Schein offenlegt und uns Vertrauen und Kraft gibt, den eigenen Weg zu finden. Es macht Mut auf das Leben. Mut, etwas zu riskieren und freudvoll dem nachzugehen, was man im Herzen trägt. Mut, daran zu glauben: There's no limit! – Und danach zu leben.

»Chris' Biografie ist eine starke, herzvolle Hymne auf den Rock 'n' Roll, das Streunertum und das Überwinden von Hindernissen. Hammerperformance vom Rohrman.«

Udo Lindenberg